ATENEO PONTIFICIO REGINA APOSTOLORUM

Facoltà di Bioetica

Licenza intensiva

Indirizzo Pastorale

TESINA DI LICENZA

SEPOLTURA DEI RESTI

DI EMBRIONI E FETI UMANI

Indagine bioetica

Professore: P. Gonzalo Miranda, LC

Studente: Enrico Masini matr. 11419

Roma, 24 settembre 2017

Anno accademico 2016-17

A tutte le madri e i padri che soffrono da soli;

a tutti i bambini che li vorrebbero felici.

INTRODUZIONE

Accade frequentemente che un essere umano muoia prima di nascere. Come per ogni essere vivente ne resta un corpo inanimato, un cadavere. Avendolo fra le mani è necessario darvi una destinazione. Si tratta di un rifiuto o di un cadavere? Di un oggetto come gli altri o meritevole di una qualche tutela particolare?

Questa tesi nasce dall'esigenza di indagare a fondo l'opzione della sepoltura di embrioni e feti umani morti prima di nascere, a qualunque epoca gestazionale, al fine di comprendere se e come sostenerne la positività. Ho scelto questo tema per un richiamo verso coloro che vivono una condizione di sofferenza nella solitudine, nell'emarginazione e nell'ingiustizia, con particolare riguardo alla vita nascente, alla maternità e alla loro tutela.

L'esperienza personale vissuta nella Comunità Papa Giovanni XXIII mi ha portato a seguire, direttamente e indirettamente, centinaia di genitori in lutto prenatale con la richiesta di dare una degna sepoltura ai resti del proprio figlio, prematuramente deceduto e a condividere la loro sofferenza, tanto soffocata da una società che non è preparata a comprenderla. Inoltre, grazie a questa esperienza sono stato condotto a cogliere i frutti di un gesto di pietà che aiuta ad esternare quella sofferenza, a rendere fisicamente presente un segno del figlio che non c'è più, ad elaborare un lutto spesso negato e soffocato.

Le sofferte e molteplici difficoltà a realizzare questo desiderio dei genitori hanno provocato il maturare di una esperienza e competenza efficaci ad ottenere quello che, almeno in Italia, è sancito come un diritto anche a età gestazionali molto basse.

Il condiviso senso di indignazione nel venire a conoscere come frequentemente viene smaltito o sfruttato quel corpicino ha stimolato il desiderio e la necessità di impegnarsi a rimuovere le cause che generano tale ingiusto trattamento, sostenendo la sepoltura come via da preferire in ogni caso.

Il presente lavoro ha lo scopo di approfondire il tema dal punto di vista bioetico. Di conseguenza, si propone di prenderlo in esame dai diversi punti di vista nelle discipline chiamate in causa per conoscerlo a fondo ed illuminarne la realtà al fine di discernere e decidere, rispondere e consigliare.

La bioetica si occupa di indagare e risolvere i quesiti relativi alla cura e alla tutela della vita umana, cercando di individuare e consigliare il bene ai singoli e alla società. È quindi lecito chiedersi se debba occuparsi anche di scelte *post-mortem*, ovvero di ciò che resta alla morte di un essere umano. È pur vero che indica percorsi ai vivi e può occuparsi di questioni non strettamente e direttamente attinenti alla vita delle persone, ma anche solo ad esse correlate, come ad esempio il rispetto dell'ambiente.

In tutta la ricerca non ho trovato manuali di bioetica con la voce "sepoltura feti", tanto meno quella "sepoltura embrioni"; neppure ho trovato bioeticisti che abbiano approfondito la questione. Ritengo quindi, con questo mio contributo, di iniziare a colmare una lacuna e osare proporre e incoraggiare altri approfondimenti. Che di lacuna si tratti è testimoniato dal crescente interesse rispetto alla sepoltura di embrioni e feti abortiti e dalle resistenze che tale richiesta provoca: un interesse primariamente dei genitori in lutto, ma anche di associazioni e professionisti motivati ad accompagnarli in un passaggio così drammatico.

Ci addentreremo nel tema iniziando a domandarci come poter definire i resti mortali di un embrione o feto umani: ce lo chiederemo soprattutto dal punto di vista delle norme e delle loro interpretazioni, ma anche dei vuoti normativi presenti. Tuttavia, inizieremo con un piccolo excursus storico laico e cattolico sulla considerazione della vita prenatale; a seguire la narrazione di alcuni fatti di cronaca che evidenziano una spiccata sensibilità comune alla vista di resti umani riconosciuti come degni di attenzione anche quando deceduti nelle prime settimane dal concepimento. La legge non indica solo cosa si deve fare, ma anche cosa si può fare. L'aspetto poi che a noi più interessa è il fondamento di tali norme nel riconoscere una pubblica sensibilità verso ciò che protegge.

Nel secondo capitolo entreremo più nel dettaglio della questione, descrivendo a quali diverse destinazioni rischiano di pervenire i resti di un aborto, alcune, almeno apparentemente, secondo la legge mentre altre certamente no: questo excursus sarà necessario per far emergere e per delineare il quadro della situazione odierna. Si tratta, infatti, di un passaggio necessario in quanto per lo più sconosciuto, soprattutto ai diretti interessati. Da qui in avanti concentreremo la nostra attenzione alla prima parte della gravidanza, fino alle 20 settimane di gestazione: è, infatti, assodata la sepoltura oltre tale termine, mentre per embrioni e feti deceduti precedentemente il destino è tutt'altro che certo.

La possibilità di essere facilmente e deliberatamente soppressi a causa della legalità dell'aborto volontario, sostiene l'interpretazione prevalente che debbano essere trattati come rifiuti. Questo li espone ad un trattamento quasi mai condiviso con la famiglia che anzi è, in genere, non solo tenuta all'oscuro, ma pure scoraggiata a farsene carico quando lo richiede espressamente.

Nella maggior parte dei casi tali resti vengono assimilati ai rifiuti speciali ospedalieri a rischio infettivo, inceneriti o disidratati e perfino usati come combustibile, talvolta usati per la ricerca scientifica o per produrre vaccini, ma anche per cure di bellezza: si ha notizia anche del loro uso come talismani e persino come cibo ricercato.

Dopo aver approfondito le norme nazionali entreremo nel dettaglio di come alcune regioni le abbiano recepite. Vedremo come abbiano ritenuto necessario esplicitare meglio il coinvolgimento dei genitori e reinterpretare la normativa in favore della sepoltura anche al di sotto delle 20 settimane.

Vedremo come siano presenti diverse associazioni che si occupano di lutto prenatale, alcune delle quali si dedicano specificatamente della sepoltura che comunque tutte sostengono e incoraggiano. Ci si aspetterebbe si tratti di realtà cattoliche pro-life, invece spesso si tratta di associazioni laiche, alcune delle quali tengono a specificare la loro non appartenenza religiosa.

Entreremo così, richiamando il dibattito in atto, nel vivo di una questione che si presenta nel panorama italiano con una peculiarità tutta sua. Cade, infatti, il classico schieramento che vede contrapporsi laici e cattolici in quasi tutte le questioni bioetiche. Si esce pure dall'ormai consolidato schema secondo cui i pro-choice avanzano con forza ed efficacia l'estensione dei diritti di autodeterminazione mentre i pro-life cercano, spesso invano, di tamponarli. Qui le parti si invertono. Sono infatti i secondi ad avanzare ed ottenere richieste di maggior tutela e riconoscimento di diritti a fronte di frange estreme che tentano, spesso senza successo, di respingere tali riconoscimenti di libertà personali, peraltro quasi sempre già previste, tutto questo con punti di vista anche molto diversi all'interno delle varie parti, solitamente unite nelle loro battaglie "di civiltà".

Col V capitolo si entra finalmente nel cuore della questione sostenendo in modo articolato la bontà della sepoltura di tutti gli embrioni e feti umani periti in epoca prenatale. Per fondare tale tesi, esamineremo in prima istanza come la sepoltura dei morti sia un'azione tipicamente umana, tanto da rappresentare un elemento determinante dell'ominizzazione. Sempre accostando epoca post-natale ed epoca prenatale, in seguito, evidenzieremo come, fin dalla preistoria, ci giungono segnali di rispetto per le spoglie di feti abortiti. Ci concentreremo quindi sui significati legati alle sepolture prendendone in esame i riti.

Un approfondimento particolare sarà dedicato alla Chiesa cattolica. Vedremo quindi come nulla osti a considerare opera di misericordia la sepoltura dei non nati che, anzi, è incoraggiata in modo ufficiale almeno dal 1967. Inoltre, esamineremo la questione legata al rito funebre a partire da una rapida ricognizione sulla questione del Limbo.

Proseguendo, ci soffermeremo sul riconoscimento del lutto prenatale, termine tutt'altro che scontato ma sempre più riconosciuto e accreditato, quindi sulla sua elaborazione. In particolare, porremo quest'ultima in relazione alla sepoltura facendone emergere l'importanza per i genitori. La società normalmente resta quasi totalmente estranea a tale processo, ma può esserne resa partecipe collettivizzando un fatto di cui può beneficiare per il riconoscimento e il pieno rispetto della vita nascente e del lutto che ne vive l'intera famiglia.

Esaminando il ruolo degli operatori sanitari in merito, vedremo come vi siano tentativi crescenti di proporre e mettere in atto protocolli specifici per un'attenzione adeguata che vada oltre l'aspetto medico.

Vedremo quindi come la scelta della sepoltura rappresenti una scelta di libertà dei genitori, ma anche una responsabilità da parte della società quando questi non intendano occuparsene né diano disposizioni in merito.

Infine passeremo in rassegna alcune testimonianze: in primo luogo quella mia personale, poi quella di donne, coppie di genitori e famiglie che sono passate da questa sofferenza, così frequente quanto innaturale e inattesa.

Come nota metodologica preciso che questo lavoro fa riferimento prevalentemente alla letteratura e alla legislazione italiana. Viene quindi sottinteso "italiana" ogni volta che si riporta una indicazione legislativa senza altri riferimenti.

CAPITOLO I – LA SALMA DEL FETO È CADAVERE

Prima di valutare cosa farne è necessario chiedersi "cosa sono", come vengono definiti i resti di embrioni e feti umani morti prima di nascere e vedremo successivamente come l'interesse e il destino loro riservato possa essere molto diverso. Dopo qualche cenno alla dignità del concepito passeremo in rassegna alcuni fatti di cronaca che ci aiuteranno a comprendere come reagiscono le persone comuni alla vista di resti mortali di feti anche molto precoci.

Per poter stabilire se seppellire embrioni e feti umani abortiti sia la soluzione più idonea, ho ritenuto necessario approfondire previamente la questione relativa alla protezione dei cadaveri in genere per poi passare alla questione se si possa definire o meno "cadavere" ciò che resta della morte di un essere umano prima della nascita, quindi se tali resti mortali possano o debbano essere meritevoli di una qualche protezione particolare, se debbano essere considerati semplicemente "cose" oppure se ne debba essere normato il trattamento individuando in esso un interesse pubblico e/o privato. Ci chiederemo con quali distinzioni e/o problematiche tali resti possano essere assimilati al cadavere di persona già nata.

Ci soffermeremo particolarmente sul punto di vista legale, sul piano del bio-diritto, poiché ne emergono considerazioni particolarmente interessanti. Si tratta infatti dell'ambito che ha maggiormente approfondito la questione con un dibattito ancora in corso. Il punto cruciale sta nello stabilire se e da quando si possano applicare *post mortem* le categorie del già nato alla fase prenatale.

Per poter affrontare il concetto di morte dobbiamo senza dubbio presupporre l'esistenza previa di una vita «la morte è infatti uno stato definitivo che coincide con l'arresto assoluto e irreversibile delle attività vitali».[1]

Dal punto di vista biologico è chiaro che nel ciclo vitale di ogni essere vivente che si riproduce sessualmente si dà origine ad un nuovo e distinto organismo vivente, sia esso vegetale che animale, nel momento della fecondazione dell'ovocita da parte del gamete maschile. Così deve valere anche per l'uomo.

Dal punto di vista psicologico e relazionale possiamo affermare ormai con certezza che l'essere umano anche nella sua fase prenatale è in vita e che quindi alla sua eventuale cessazione subentri la morte.

Tuttavia vedremo come aspetti ormai così chiari dal punto di vista scientifico non ne hanno ancora provocato una conseguenza normativa. Così, come vedremo nei prossimi paragrafi, saranno proprio le interpretazioni dei termini "aver vissuto" e "poter vivere" a condizionare il pensiero, la considerazione, l'attenzione e la protezione di tali resti.

1. L'embrione: umano o parte di corpo umano?

Buona parte della nostra trattazione sarebbe pressoché inutile se la risposta a questa domanda cruciale fosse condivisa. Essa potrà essere correlata al grado di umanità riconosciuto al concepito nel corso della gravidanza: si disquisisce riguardo al momento in cui acquisti individualità umana, a quando avvenga l'infusione dell'anima, da quando e se sia già persona. Di certo ha un corpo. Infatti, fin dal concepimento, esiste qualcosa di nuovo originato dalla fusione di gameti maschili e femminili: una cellula con corredo cromosomico nuovo, dato sì dalla sintesi di quello dei genitori, ma nel suo insieme diverso dal loro. Quelle due cellule aploidi destinate a perire del giro di poche ore (l'ovocita) o pochi giorni (lo sper-

---

[1] A. OLIVA - V. PASCALI, «Cadavere. Parte medica», in *Enciclopedia di bioetica e scienza giuridica*, III, Edizioni Scientifiche Italiane, Napoli 2010, 1.

matozoo) si sono unite e, se non si presenteranno inconvenienti, saranno in grado di costituire un essere umano adulto che potrà vivere anche fino a cento e più anni.

Le situazioni possono essere molto diverse, nell'ordine delle circostanze in cui è avvenuto il concepimento e in cui e per cui è sopraggiunta la morte. In base all'epoca gestazionale cambia certo la visibilità, quindi la riconoscibilità delle sembianze umane di tali resti mortali. Può essere, quindi, necessario un esame accurato per evidenziarne le membra, se defunto nelle prime settimane dal concepimento. Si tratta, in ogni caso e invariabilmente, delle spoglia mortali di un essere umano morto nella fase iniziale della sua esistenza.

Pertanto ci si chiede se si tratti di "cose" meritevoli di rispetto, se e chi abbia diritti in merito, chi e come possa o debba avere dei doveri o possa avere un qualche interesse nel riservare loro un particolare trattamento. Vedremo come il diritto e la sensibilità comune considerino tali salme, riconoscendo loro una qualche tutela a seconda che vengano definite o meno cadaveri. Inoltre, tratteremo di come numerose coppie di genitori che hanno subito un aborto, sia volontario che spontaneo, abbiano vissuto tale percorso.

Nella società romana «ai neonati veniva conferito il medesimo valore di una pianta [...] viventi ma non interamente umani».[2] Era con il rito della "*levatio*", officiato dal padre prendendo il neonato e sollevandolo in alto, che venivano considerati pienamente umani e quindi parte della famiglia.[3] Solo all'ottavo/nono giorno dalla nascita si conferiva il nome e a quaranta giorni potevano essere iscritti nel registro ufficiale, ma solo all'età di un anno se ne poteva chiedere la cittadinanza.[4]

---

[2] E. GROFF, «Funus acerbum. La percezione e commemorazione di neonati e infanti nell'antica Roma», *Notiziario Semi per la sids,* 2015, 5–7, in http://www.sidsitalia.it/wp-content/uploads/2015/09/notiziario_03_2015.pdf [18-8-2017].
[3] Cf. *Ibid.,* 5.
[4] Cf. *Ivi.*

Fin dalle sue origini «la tradizione della Chiesa ha sempre ritenuto che la vita umana debba essere protetta e favorita fin dal suo inizio, come nelle diverse tappe del suo sviluppo, opponendosi ai costumi del mondo greco-romano»[5] in cui era praticato il ricorso all'aborto e all'infanticidio. Tale tradizione «è chiara e unanime, dalle origini fino ai nostri giorni».[6]

Da sempre e in maniera ininterrotta, la tradizione della Chiesa ha riconosciuto la dignità di persona all'essere umano dal momento del concepimento, indipendentemente dalla questione dell'animazione del feto. A questo riguardo sono illuminanti e quasi profetiche le parole di Tertulliano «è già uomo colui che lo sarà»[7] e quelle a firma dell'allora card. Ratzinger:

> *Dal momento del concepimento, la vita di ogni essere umano va rispettata in modo assoluto, perché l'uomo è sulla terra l'unica creatura che Dio ha voluto per se stesso, e l'anima spirituale di ciascun uomo è immediatamente creata da Dio.*[8]

I documenti magisteriali Donum Vitae e Dignitas Personae fugano ogni dubbio sul fatto che la chiesa li consideri cadaveri fin dal concepimento. Infatti, si afferma proprio questo nel momento in cui si indica, come vedremo, di seppellirli sempre. Più complesso è l'atteggiamento delle altre confessioni e religioni, con diverse sfumature, anche interpretative, all'interno della stessa Chiesa.[9]

Tuttavia non è solo la fede cristiana a riconoscere e tutelare la vita umana al suo sorgere. È solo dall'inizio del XIX secolo che affiorano le prime legalizzazioni dell'aborto volontario e ancora oggi numerosi paesi di Africa e America lati-

---

[5] CONGREGAZIONE PER LA DOTTRINA DELLA FEDE, *Dichiarazione sull'aborto procurato*, n. 6: AAS 66 (1974), 730-747.

[6] GIOVANNI PAOLO II, *Lettera enciclica Evangelium Vitae sul valore e l'inviolabilità della vita umana* [da ora EV], n.61: AAS 87 (1995), 401-522.

[7] Q. S. F. TERTULLIANO, *Apologetico*, tr. e note di A. Resta Barrile, Zanichelli, Bologna 1980, IX, 8.

[8] CONGREGAZIONE PER LA DOTTRINA DELLA FEDE, *Donum vitae. Istruzione circa il rispetto della vita umana nascente e la dignità della procreazione* [da ora DV], n. 5: AAS 80 (1988), 70-102.

[9] Per gli ebrei cf. D. ATIGHETCHI – D. MILANI – A. M. RABELLO, *Intorno alla vita che nasce*, G. Giappichelli Editore, Torino 2013, 100; per i mussulmani cf. *Ibid.*, 220.

na, oltre ad alcuni nel mondo occidentale, tutelano la vita umana fin dal suo inizio.

Paradossalmente aborto a richiesta non equivale a considerare l'embrione e il feto come non esseri umani. «In nessuna legge, in nessuna sentenza, in nessun trattato internazionale al mondo è scritto che l'embrione non è un essere umano».[10]

Al contrario esso coesiste con una considerazione molto alta della vita del concepito da cui poi non consegue altrettanta protezione. Questo accade per la pretesa di una autodeterminazione assoluta della donna: essa è di certo un valore prezioso che, però, per potersi realizzare, presupporrebbe una capacità assoluta di autodeterminarsi, potendo davvero scegliere ciò che più desidera, in un assoluto rispetto per la libertà altrui (compresa quella del concepito) e l'improbabilità di pentirsi della propria azione. Diversamente, lo Stato è tenuto a proteggere i suoi cittadini, a partire dai più deboli. Quindi, la società, come vedremo anche più avanti, riconosce tutele al concepito seppur, in genere, subordinate ai desideri materni. Il Comitato Nazionale di Bioetica pone, infatti, come assodato che «gli embrioni umani sono vite umane "a pieno titolo" e che esiste quindi il dovere morale di sempre rispettarli e sempre proteggerli nel loro diritto alla vita».[11]

2.Per la sensibilità comune

Alcuni anni fa il portiere di uno stabile romano rinvenne i resti di un feto in un cestino del giardino condominiale. Non esitò a chiamare la polizia. I periti accertarono si trattasse di un feto umano di otto settimane di gestazione.[12]

---

[10] C. CASINI, *Vita nascente. Prima pietra di un nuovo umanesimo*, San Paolo, Milano 2017, 91-92.

[11] COMITATO NAZIONALE PER LA BIOETICA, *Parere del comitato nazionale per la bioetica su ricerche utilizzanti embrioni umani e cellule staminali*, 2003, in http://presidenza.governo.it/bioetica/testi/110403.html [16-4-2016].

[12] Ci tengo a riportare questa notizia nonostante non sia riuscito a ritrovare il riferimento esatto poiché mi pare particolarmente significativa.

Fatto analogo accadde in Russia nel 2012 dove un pescatore rinvenne in una foresta degli Urali quattro contenitori abbandonati da un decennio contenenti 248 feti umani dalle 12 alle 26 settimane.[13] Entrambi non esitarono ad avvertirne le forze dell'ordine: un'azione spontanea, non dettata da una preparazione medica, biologica o legale, ma dal senso comune del riconoscere un proprio simile anche in un feto di poche settimane.

«Si tratterebbe di una bambina di 4 o 5 mesi».[14] Così riporta un quotidiano locale narrando del ritrovamento di un feto umano da parte di due quindicenni. Interessante si usi il termine feto in tutto l'articolo per poi usare quello di bambina quando ne viene indicato il sesso e l'età gestazionale. A questo punto ci chiediamo quale potrà essere la sua fine: se dalla perizia risulterà essere oltre le 20 settimane di gestazione verrà sepolta; se avrà anche un solo giorno di meno potrà essere legalmente gettata fra i rifiuti ospedalieri ed essere con essi smaltita.[15] Il fatto significativo è che tale ritrovamento abbia suscitato l'interesse delle quindicenni e l'allarme del cinquantenne che le ha notate, invocando l'intervento di polizia, carabinieri e 118.[16] Tutto ciò non sarebbe accaduto se si fosse trattato di un rifiuto, di un pezzo di carne qualunque o del cadavere di un animale.

Molti altri esempi analoghi possono essere facilmente tratti dai fatti di cronaca e suggeriscono come, per la sensibilità comune, la vista di un feto umano sia ben riconoscibile nelle sue sembianze umane anche al di sotto delle 20 settimane di gestazione, tanto da considerarla una salma, quindi degna di destare l'allarme tipico del ritrovamento di un cadavere.

---

[13] Cf. NBC NEWS, *Russian fisherman finds 248 human fetuses in forest*, 2012, in http://worldnews.nbcnews.com/_news/2012/07/24/12933992-russian-fisherman-finds-248-human-fetuses-in-forest [29-12-2015].

[14] *Feto trovato in una busta. Sentite due quindicenni*, 23 dicembre 2015, in http://www.cronachemaceratesi.it/2015/12/23/feto-trovato-in-una-busta-sentite-due-quindicenni/749188/ [5-1-2016].

[15] Sono definiti come rifiuti «qualsiasi sostanza o oggetto di cui il detentore si disfi, o abbia intenzione, o abbia l'obbligo di disfarsi» (art. 183, D.Lgs. n. 205 del 3 dicembre 2010, *Disposizioni di attuazione della direttiva 2008/98/CE del Parlamento europeo e del Consiglio del 19 novembre 2008 relativa ai rifiuti e che abroga alcune direttive.*

Si può quindi ritenere fondata l'affermazione del già ministro della sanità Donat Cattin riguardo allo smaltimento dei prodotti abortivi di presunta età inferiore alle 20 settimane: «Poiché urta la sensibilità comune è da preferirsi in ogni caso il seppellimento».[17]

3. Punto di vista giuridico-penale: la protezione di un pubblico interesse

Ritengo valga la pena analizzare più approfonditamente il problema dal punto di vista giuridico. Ci sono, infatti, numerose e non sempre concordi interpretazioni nel seno di un dibattito aperto da decenni e non ancora concluso. Giuristi e aule dei tribunali dibattono sulla definizione di cadavere, con particolare riferimento al nato-morto, pur tutti concordando sull'esigenza di proteggerlo.

Già per il diritto romano il cadavere era considerato «*res non commerciabile*».[18] Tuttavia il feto era definito come «*portio viscerum mulieris* (parte delle viscere della donna)».[19]

Il Codice Penale italiano riserva quattro articoli alla protezione del cadavere umano: vilipendio;[20] distruzione, soppressione o sottrazione;[21] occultamento;[22] uso illegittimo.[23] Altri tre articoli sono riservati alla protezione del sepolcro;[24] delle cose mortuarie;[25] del regolare svolgimento dei funerali.[26]

Il nostro ordinamento se ne occupa in quanto

---

[16] Cf. *Ibid.*

[17] Ministero della Sanità, *Circolare telegrafica* n. 500.2/4/270 del 16 marzo 1988.

[18] A. Trisciuoglio, «Cadavere (Parte giuridica - Diritto Romano)», in *Enciclopedia di bioetica e scienza giuridica*, III, Edizioni Scientifiche Italiane, Napoli 2010, 8–14.

[19] G. Garancini, *Parere sulla sepoltura dei feti e sulle convenzioni p.a./volontariato*, 2012, in http://www.advm.org/NEW/wp-content/uploads/2016/07/Parere-Prof.-Garancini.pdf [6-8-2017], 8.

[20] Cf. Art. 410, *Codice Penale* [da ora CP].

[21] Cf. Art. 411, CP.

[22] Cf. Art. 412, CP.

[23] Cf. Art. 413, CP.

[24] Cf. Art. 407, CP.

[25] Cf. Art. 408, CP.

[26] Cf. Art. 409, CP.

> *il sentimento, che crea l'esigenza sociale generatrice dell'interesse tutelato [...] è così profondo, diffuso e antico nell'umanità, da rendere del tutto eccezionali le sue aberrazioni, tanto più nella civiltà moderna, e da imporsi anche in tempo di guerra.*[27]

Si denota un'attenzione particolare e costante tanto che, nelle varie epoche storiche, quel sentimento si caratterizza naturalmente. Tuttavia, nella sua essenza, rimane sempre lo stesso, sia che si manifesti col terrore superstizioso dei cadaveri e degli spiriti, sia che renda sacri ed inviolabili i resti umani.[28]

I giuristi non ritengono di dover spiegare e giustificare la tutela penale in quanto

> *l'interesse etico, che le è proprio, forma parte del patrimonio morale anche delle civiltà primitive e d'ogni persona normale. Soltanto la guerra o gli stati analoghi, sommovendo tutto ciò che di belluino rimane nei più profondi strati della psiche umana, e tanto più nei popoli a civiltà meno remota, può paralizzare anche il sentimento di rispetto verso le tombe.*[29]

Oggetto della tutela penale, in relazione ai delitti contro la pietà dei defunti, sono le esigenze di un sentimento individuale e collettivo che si esplica con un quasi-religioso rispetto verso i defunti e le cose mortuarie. Tale sentimento è considerato una forza etico-sociale, conservatrice e promotrice di civiltà e per questo è assunto dallo Stato come un bene politico e giuridico da proteggersi penalmente: si tratta di una tutela penale che ha per oggetto uno dei più antichi, profondi e gentili sentimenti, di carattere quasi istintivo, tanto che si impone, generalmente, anche agli esseri più sensibili e malvagi.[30]

---

[27] V. MANZINI, «Delitti contro il sentimento religioso e la pietà dei defunti», in P. NUVOLONE – G. D. PISAPIA (edd.), *Trattato di Diritto Penale italiano*, VI, UTET, Torino 1983[V], 104.
[28] Cf. *Ibid.*, 105.
[29] *Ibid.*, 75.
[30] Cf. *Ibid.*, 71.

«Oggetto specifico della tutela penale è il pubblico interesse di proteggere il sentimento di pietà verso i defunti, garantendo il rispetto dei cadaveri e delle ceneri nella condizione attuale conforme alla loro destinazione normale».[31]

Infatti, l'interesse sociale, che la legge penale riconosce e tutela, ha soggettività giuridica in tutti gli individui che partecipano, come membri della collettività, a tale interesse sociale. Nel singolo individuo potrà eventualmente emergere solo una più o meno viva sensibilità ad una concreta violazione delle cose mortuarie, in virtù ad esempio della parentela con il defunto. La norma del Codice Penale a protezione dei cadaveri ha per oggetto immediato la tutela della pubblica moralità, cioè della civiltà. Tale incriminazione ha perduto ogni fondamento e ogni attinenza di carattere strettamente religioso con l'estensione della tutela penale anche alle ceneri umane. Tale interesse etico-sociale è quindi indipendente dai sentimenti e le idee in materia religiosa di colui dal quale il cadavere o le ceneri provengono. Non è rilevante la moralità né la causa di morte: il cadavere del glantuomo è protetto né più né meno di quello del più atroce assassino appena giustiziato.[32]

4. Cadavere di nato morto: definizione penale

L'attuazione della norma sanzionatoria del Codice Penale è ovviamente condizionata alla definizione di cadavere, poiché ciò che in questo non rientra non può essere meritevole di tale tutela giuridica, definita come «l'interesse pubblico di garantire il rispetto del sentimento relativo alla pietà verso i defunti contro i fatti di vilipendio commessi su cadaveri o su ceneri umane».[33]

Partiremo dal controverso commento di Franco Chiarotti,[34] pubblicato da Giuffrè nella prestigiosa Enciclopedia del Diritto dove dedica ampio spazio alla

---

[31] *Ibid.*, 74.
[32] Cf. *Ibid.*, 105.
[33] *Ibid.*, 103.
[34] L'autorevole autore (avvocato generale dello stato circa dal 1962 al 1985) scrive come la maggior parte degli autori sostengano che il corpo del feto nato morto sia da considerarsi cadavere ai fini del Codice Penale, come pure quasi tutta la giurisprudenza. Non

questione, segno di un personale interesse per il dibattito in corso in cui egli si vuole distinguere dalla maggior parte degli autori e della giurisprudenza, facendo emergere la sua posizione personale. Il problema è relativo all'identificazione della nozione giuridico-penale di cadavere, quale oggetto materiale delle fattispecie previste dagli artt. 410-313 del CP. Il presupposto è che si tratta di cadavere se si è di fronte alle spoglia di un individuo passato dalla vita alla morte. Così il quesito si concentra sul fatto che il corpo del feto che viene alla luce senza vita possa intendersi o meno cadavere. Chiarotti precisa come la maggior parte degli autori risponda affermativamente, salvo distinguere fra feto maturo ed immaturo, come si vedrà meglio in seguito. La giurisprudenza, ad eccezione di due decisioni molto remote segue questo orientamento, sostenendo, tuttavia, che ulteriori analisi abbiano portato a concludere che per cadavere debba intendersi la spoglia inanimata di un uomo che ha vissuto. Così, secondo Chiarotti, il corpo del feto venuto alla luce senza vita sarebbe escluso dai confini della nozione di cadavere.[35]

Tale parere si pone in chiara discontinuità col passato e, provenendo da una voce così autorevole, non può non aver condizionato il pensiero successivo. Si riconosce che del feto senza vita abbia "un corpo", ma che tale spoglia inanimata "non abbia vissuto": questo è il discrimine per Chiarotti che quindi non la ritiene cadavere ai fini del Codice Penale.

Interessante come nei passi successivi, a dimostrazione della sua tesi, Chiarotti richiami la nozione di "pietà" affermando che:

> *tutti gli autori siano d'accordo nell'identificare la nozione di pietà non già nel senso di commiserazione o di compassione, ma in quello, secondo il significato della pietas latina, del culto, della venerazione che meritano quelle entità che trascendono le nostre esistenze, come la patria ed i defunti.*[36]

---

condivide invece considerazioni più recenti che non ritengono cadavere il corpo del feto in quanto non ha vissuto.
[35] Cf. F. CHIAROTTI, «Cadavere (diritto penale)», in *Enciclopedia del Diritto*, Giuffrè, Milano 1959, 771.
[36] *Ibid.*, 771.

Egli accusa, quindi, di riferirsi inconsapevolmente al primo dei due significati del concetto di "pietà" (quello di commiserazione e compassione) «coloro, e sono i più, che ritengano che anche il feto non possa essere lasciato privo di tutela penale».[37] Egli arriva ad affermare che «non si veda la ragione che l'ordinamento giuridico-penale, se accordasse tutela al corpo del feto maturo, la dovrebbe negare a quella del feto immaturo».[38]

È possibile trovare un parere diametralmente opposto nel più recente testo pubblicato dall'Enciclopedia Giuridica Treccani.

> *La giurisprudenza e la dottrina prevalente (alla quale ritengo opportuno allinearmi) appaiono, al contrario, dell'avviso della non necessità della preesistenza della vita. Rientrerà, allora, nella nozione in parola, sulla base, altresì, della ratio della tutela penale, il feto privo di vita, comunque nato, a condizione che abbia raggiunto quello sviluppo embrionale che consenta legittimamente di farlo apparire come avente sembianze umane.[39]*

Vediamo come in questo secondo parere siano le "sembianze umane" il requisito necessario a definire giuridicamente "cadavere" le spoglie mortali di un feto umano nato privo di vita.

In epoca molto più recente, nel 2007, Padovani,[40] ancora con l'editrice Giuffrè, pare sanare almeno in parte la questione, pubblicando che:

> *Dibattuta, sotto altro profilo, la questione della necessità della preesistenza in vita (del feto nato morto, N.d.R.); essa è ritenuta in prevalenza non indispensabile, alla stregua della ratio e dell'obiettività giuridica dei reati in argomento, giacché anche il feto merita e suscita rispetto in quanto avente sembianze umane, purché abbia*

---

[37] *Ivi.*

[38] *Ivi.*

[39] A. ROSSI VANNINI, «Pietà dei defunti (delitti contro)», in *Enciclopedia Giuridica*, Treccani, Roma 1990, 573.

[40] Professore ordinario di diritto penale presso la Scuola superiore di studi universitari e di perfezionamento Sant'Anna a Pisa.

> *raggiunto un certo grado di maturità tale da farlo apparire appunto come soggetto umano.*[41]

Pur rifacendosi a sentenze ormai molto datate si fa qui riferimento ad un certo, non meglio precisato, grado di maturità, dove ad essere discrimine è l'"apparire". Dal punto di vista penale emergono quindi alcune interessanti, seppur non univoche, interpretazioni che fanno emergere come discriminanti il sentire comune, l'etica e la fenomenologia. Se pare ormai superato il concetto che per essere considerato cadavere sia necessario che l'essere umano "abbia vissuto", pare alquanto riduttivo che nessuno fra gli autori esaminati abbia associato a tale termine "dopo la nascita" o "fuori dal ventre materno".

È, infatti, ormai indubbio che il neonato non inizi a vivere con la nascita, ma abbia vissuto anche in una fase intrauterina: questo non solo a livello biologico, ma anche con una psicologia prenatale secondo cui il feto si pone in relazione con la madre e, successivamente, con il mondo esterno. Ciò è stato oggetto di studio soprattutto negli ultimi tre decenni, ma probabilmente i risultati delle ricerche non sono ancora sufficientemente conosciuti e riconosciuti per essere presi in considerazione dai giuristi, forse per il rischio di mettere in discussione la possibilità di abortire come diritto, senza neppure la necessità di specificarne il motivo, semplicemente "a richiesta".

La necessità per cui il deceduto non ancora nato debba avere sufficiente maturità da manifestare sembianze umane per essere tutelato in quanto cadavere dovrebbe far ricadere il confine, per coerenza, almeno dalle 8 settimane dal concepimento. È questa, infatti, l'epoca in cui si cessa di utilizzare il termine embrione[42] per lasciare spazio a quello di feto.[43] È il passaggio in cui, nello sviluppo

---

[41] T. PADOVANI, «Codice Penale», in T. PADOVANI (ed.), *Codice Penale*, Tomo I, Giuffrè Editore, Milano 2007[IV], 2622–2678, 2666.

[42] «In biologia animale e vegetale, organismo in via di sviluppo, derivato dall'uovo fecondato» (voce *Embrione*, in http://www.treccani.it/enciclopedia/ricerca/embrione/ [12-8-2017]).

umano, è terminata l'organogenesi e si hanno ormai chiare sembianze umane: da qui il feto deve solo crescere in dimensioni e perfezionarsi.

Tutto questo dibattito pare non tenga in alcun conto le norme che regolano la polizia mortuaria, chiare nelle loro indicazioni e distinzioni in merito. Nessun dubbio sul fatto che «per i nati morti [...] si seguono le disposizioni stabilite dagli articoli precedenti [quelle relative a tutti i nati vivi N.d.R.]».[44] A sciogliere ogni perplessità dovrebbe essere sufficiente il comando che «nei cimiteri devono essere ricevuti [...] i nati morti e i prodotti dei concepimento».[45]

Dal punto di vista anatomico, già dalle prime settimane dalla fecondazione, è possibile riconoscere le diverse membra dell'embrione umano: maggior valore e rispetto dovrebbero quindi essere riconosciuti all'intero corpo umano, benché ancora in formazione. Dal punto di vista biologico, fin dal concepimento, tali cellule si possono riconoscere come umane. Si può quindi sostenere che sarebbe coerente un rispetto delle spoglia umane per il solo fatto di esistere,[46] quindi fin dal concepimento, dal loro esistere.

5. Classificazione per età gestazionale

Una prima distinzione, per comprendere il problema, va fatta in base all'epoca gestazionale in cui si presume sia avvenuta la fine del processo vitale. Va specificato che l'età gestazionale si misura non in base al momento dell'espulsione del feto, bensì del periodo presuntivamente goduto di vita intrauterina. La vita del feto può, infatti, essere terminata anche diverse settimane prima della sua fuoriuscita, si considerano quindi le misure di lunghezza e peso che realmente presenta a

---

[43] «Il prodotto del concepimento dell'uomo e degli altri mammiferi, dal momento in cui assume le caratteristiche della specie fino alla nascita» (voce *Embrione*, in http://www.garzantilinguistica.it/ricerca/?q=feto [3-4-2015]).
[44] Art. 7, comma 1, D.P.R. n. 285 del 10 settembre 1990, *Regolamento di polizia mortuaria*.
[45] Art. 50, comma d, D.P.R. 285/90.
[46] Cf. G. GARANCINI, *Parere sulla sepoltura dei feti*, 9.

discapito della data di inizio della gravidanza. Va altresì specificato che tale calcolo si effettua per convenzione non dal concepimento, bensì dal giorno dell'inizio delle ultime mestruazioni.

A livello internazionale non c'è ancora accordo sul confine fra aborto e nato morto e talvolta neppure all'interno delle stesse nazioni.[47] Il "nato morto" è, secondo la definizione dell'Oms:

> il prodotto del concepimento completamente espulso o estratto dalla madre, che non mostri alcuna evidenza di vitalità quale il respiro spontaneo o, dopo stimolazioni, pulsazioni cardiache o del cordone ombelicale, o quando l'autopsia non evidenzi aria nei polmoni.[48]

Questo è da considerare indipendentemente dall'età gestazionale.[49] L'Oms raccomanda, tuttavia, di registrare l'evento per le statistiche sia per i nati vivi che per i nati morti dal raggiungimento dei 500g di peso, 1000g per i confronti internazionali. Qualora il peso non sia disponibile la registrazione è richiesta dalle 22 settimane di gravidanza o dai 25 cm di lunghezza del feto.[50]

Lo stesso fa Unione Europea definendo con nato morto «il decesso prima dell'espulsione o dell'estrazione completa dal corpo della madre di un prodotto del concepimento, quale che sia la durata della gestazione».[51] Per la rilevazione vengono distinti due gruppi in linea con le indicazioni dell'Oms:

---

[47] Cf. WHO, *International Statistical Classification of Diseases and Related Health Problems, 2 Instruction manual*, 2011, http://www.who.int/classifications/icd/ICD10Volume2_en_2010.pdf?ua=1   [6-4-2017], 151.

[48] D. BARONCIANI - V. BASEVI - C. CORCHIA (edd.), «Aspetti epidemiologici», in *La natimortalità: audit clinico e miglioramento della pratica assistenziale*, Il Pensiero Scientifico Editore 2008, 153–190, in http://www.salute.gov.it/imgs/c_17_pubblicazioni_1390_allegato.pdf [6-4-2017], 153.

[49] Cf. WHO, *International Statistical Classification*, 151.

[50] Cf. *Ibid.*, 153-154.

[51] Art. 2, comma b, Regolamento UE n. 328 del 5 aprile 2011, *Disposizioni attuative del regolamento (CE) n. 1338/2008 del Parlamento europeo e del Consiglio relativo alle statistiche comunitarie in materia di sanità pubblica e di salute e sicurezza sul luogo di lavoro, per quanto riguarda le statistiche sulle cause di decesso.*

> *gruppo a) con peso alla nascita da 500 g a 999 g o, se il peso alla nascita non è pertinente, età gestazionale da 22 a 27 settimane compiute o, se nessuno dei due criteri è pertinente, lunghezza vertice-tallone da 25 a 34 cm;*
> *gruppo b) con "peso alla nascita di 1000 g o più o, se il peso alla nascita non è pertinente, età gestazionale superiore a 27 settimane compiute o, se nessuno dei due criteri è pertinente, lunghezza vertice-tallone di 35 cm o più.*[52]

Molte nazioni invece, fanno ancora riferimento al raggiungimento di una certa settimana di età gestazionale, anche molto diversa da Stato a Stato, talvolta senza neppure una indicazione comune all'interno dello stesso Stato. Ne è un esempio l'Italia dove la questione è particolarmente complessa e dove il vuoto normativo ha prodotto diverse interpretazioni. Il passaggio dalla definizione di aborto a quella di nato morto è posta al 180° giorno di età gestazionale (pari a 25 settimane più cinque giorni) per la gestante lavoratrice.[53] Tale spartiacque è utilizzato anche dall'ISTAT.[54] Questi registra come "aborto spontaneo" l'evento accaduto entro il 180° giorno compiuto di amenorrea, riferendo si tratti della legge italiana, ma senza specificare quale.[55] Risulta, invece, abbassato a 20 settimane di gestazione dalla Società italiana di neonatologia.[56] Nei comuni, di prassi, solo dalle 28 settimane avviene la registrazione all'Ufficio di Stato Civile del nato morto.

Il limite delle 28 settimane proviene esclusivamente dal Regolamento di polizia mortuaria[57] e non è suffragato da altre norme più rispondenti che non pongono in realtà alcun limite inferiore alla registrazione come nato morto tanto da

---

[52] *Ibid.*, art. 3, commi a e b.

[53] Cf. Art. 12, D.P.R. n 1204 del 28 novembre 1976, *Regolamento di esecuzione della legge 30 dicembre 1971, n. 1204, sulla tutela delle lavoratrici madri.*

[54] Cf. ISTAT, *Annuario statistico italiano 2016*, Istituto nazionale di statistica, Roma 2016, in http://www.istat.it/it/files/2016/12/Asi-2016.pdf [9-6-2017], 86 e 132.

[55] Cf. *Ibid.*, 120.

[56] Cf. A. APRILE – P. BENCIOLINI, «Gravidanza, parto, nascita: questioni medico-legali nell'ottica del biodiritto», in S. CANESTRARI et. al. (edd.), *Trattato di biodiritto - Il governo del corpo*, Giuffrè Editore, Milano 2011, 1769-1776.

[57] Art. 7, D.P.R. 285/1990.

ravvisare un vuoto normativo.[58] Di fatto resta così in capo all'autorità sanitaria stabilire se si tratti di un nato morto o di un prodotto abortivo.[59]

Tab. 1 Classificazioni per età gestazionale[60]

Morte intrauterina (dall'inizio ultime mestruazioni o peso rilevato)	OMS (Nato morto se prima di nascere senza limite)	UE (Nato morto se prima di nascere senza limiti)	Italia (Nato morto oltre 180°g o oltre 28 settimane di gestazione)
0-20 settimane	Morte fetale precoce		Prodotto del concepimento
Peso <500g (fino 22sett o 25cm)	Aborto		
Peso >=500g (da 22 a 27 sett. o da 25 a 34 cm)		Gruppo a	
20-28 settimane non registrato come nato-morto	Morte fetale intermedia		Prodotto abortivo Nati estremamente pre termine
180° giorno (25sett + 5 gg)			Da aborto a nato morto
Peso >= 1000g (>=27 sett. o oltre 34 cm)		Gruppo b	
>28 settimane	Morte fetale tardiva		Nato morto x D.P.R. 285/90

Non c'è invece un limite minimo di età gestazionale per la definizione di "nato vivo": è sufficiente, infatti, che il feto mostri segni di vitalità alla nascita, seppur per pochi istanti, o anche solo rilevati successivamente dall'autopsia,[61] solitamente aria nei polmoni. Anche se vissuto pochi istanti dovrebbe essere regi-

---

[58] Cf. *I nati morti invisibili in Italia*, 2015, in http://www.responsabilecivile.it/i-nati-morti-invisibili-in-italia/ [26-11-2016].

[59] Cf. Artt. 31 e 37, D.P.R. n. 396 del 3 novembre 2000, *Regolamento per la revisione e la semplificazione dell'ordinamento dello stato civile, a norma dell'articolo 2, comma 12, della Legge n. 127 del 15 maggio 1997*; cf. M. CALIARO, Formazione tardiva di atto di nascita di un feto, 2013, in http://www.anusca.it/flex/cm/pages/ServeBLOB.php/L/IT/IDPagina/4318 [26-11-2016].

[60] Per un confronto con le altre nazioni cf. UE, *European perinatal healt report*, 2010, in http://www.europeristat.com/images/doc/EPHR2010_w_disclaimer.pdf [17-8-2017], 47.

[61] Cf. D. BARONCIANI et al., «Aspetti epidemiologici», 154-155.

strato sempre come "nato vivo e successivamente morto" con redazione, quindi, di un atto di morte.[62] Questo, facendo scattare la capacità giuridica e quindi il diritto successorio, può essere molto importante per i parenti coinvolti. Tuttavia «a età gestazionali molto basse l'atteggiamento dei professionisti può influire significativamente nel definire un feto come "nato morto" *versus* "nato vivo deceduto nei primi minuti di vita"».[63]

Ciò, infatti, contrasta con la possibilità legale di abortire volontariamente fino a gravidanze talmente avanzate da dover poi registrare anagraficamente come nati vivi moltissimi feti non considerati vitali e morti, o lasciati morire, nelle ore successive, in quanto indesiderati o troppo piccoli per poter essere salvati, talvolta deliberatamente soppressi appena dopo la nascita.[64]

Aiuta a capire il problema quanto pubblica il Gruppo di lavoro SIDS:

> *Il criterio per identificare la "morte endouterina" (differenziandola dall'aborto) è fortemente influenzato dalle capacità della moderna neonatologia di far sopravvivere, possibilmente in buone condizioni di salute, un soggetto nato prematuro: alcuni decenni or sono questo limite era posto a 28 settimane (limite per altro ancora utilizzato da numerose Amministrazioni Locali), poi è sceso a 180 giorni, ora ci si riferisce a circa 22 settimane di gestazione.[65]*

Interessante come il Ministero della Salute classifichi in "parti estremamente pre-termine" e non come "aborti" gli eventi fra le 22 e le 27 settimane di gravidanza ai fini della compilazione del certificato di assistenza al parto, censen-

---

[62] Cf. Art. 74, REGIO DECRETO n. 1238 del 9 luglio 1939, *Ordinamento dello Stato Civile.*

[63] D. BARONCIANI et. al., «Aspetti epidemiologici», 155.

[64] Il 3 luglio 2017 ho ascoltato il dott. Emmanuel Gasperoni medico rianimatore e consigliere dello stato sammarinese che così ha riferito: "Per aborti oltre le 21 settimane di gravidanza, nell'ospedale di Rimini, si fanno delle manovre per evitare che il feto nasca vivo. Non vado oltre per non impressionare i presenti".

[65] Allegato 2 del 22 novembre 2014, *Protocollo per riscontro diagnostico di feto di età gestazionale superiore alla 25° settimana,* di cui all'art. 1, comma 2, L. 31/2006.

done circa mille, dai moduli compilati, nel solo 2014.[66] Per la possibilità di salvare feti ad età sempre più precoci, uno spartiacque abbastanza condiviso a livello internazionale è, invece, posto alle 20 settimane di gestazione.[67]

6. Diritto al nome

È in corso un dibattito sulla possibilità di dare un nome al nato-morto.[68] In Italia, per il feto partorito morto dopo le 28 settimane, viene redatto il certificato di assistenza al parto che dà titolo ad essere registrato all'ufficio di stato civile indicandone i genitori ma, normalmente, senza la possibilità di iscriverne un nome. Ci sono invece comuni che concedono tale iscrizione per la pietà del dolore dei genitori, in quanto ciò non comporta ulteriori conseguenze giuridiche né patrimoniali.[69] È solitamente negata, invece, la registrazione all'anagrafe se il fatto avviene al di sotto delle 28 settimane, pur senza alcuna norma che lo vieti. È stato presentato un Disegno di legge per riconoscere a tutti i genitori il suddetto diritto a partire dai 500 g di peso del feto.[70] Questo è avvenuto anche sulla scorta di una sentenza del Tribunale ordinario di Padova che ha riconosciuto la registrazione all'anagrafe di un feto espulso morto a 26 settimane e tre giorni di gestazione.[71]

La possibilità di iscrivere un nome è, tuttavia, concessa più precocemente in caso di sepoltura individuale, ma solo in virtù di specifiche norme locali e solo per quanto riguarda la lapide funeraria. È recente infatti la norma della Regione Marche che consente di scrivere un "nome di fantasia" sulla lapide, va da sé che

---

[66] Il riferimento è in merito alla classificazione del *European Perinatal Healt Report* (cf. F. BASILI et. al. (edd.), *Certificato di assistenza al parto (Cedap). Analisi delll'evento nascita. Anno 2014*, 2016, in http://www.salute.gov.it/imgs/C_17_pubblicazioni_2585_allegato.pdf [28-7-2017], 44).

[67] Cf. A. APRILE, «Gravidanza, parto, nascita», 1774-1775.

[68] Cf. S. SCOLARO, «Sulla cremazione dei prodotti abortivi, feti o prodotti del concepimento», *I Servizi Funerari 2*, 2014, 51–56.

[69] Cf. *Dichiarazione di nascita*, in http://forum.enti.it/viewtopic.php?t=42330 [3-6-2016].

[70] Cf. A. DI BIAGIO, *DDL Disposizioni concernenti il diritto di iscrizione all'anagrafe del feto "nato morto" S.1768*, Senato, XVII legislatura, 2015.

[71] Cf. TRIBUNALE DI PADOVA, *Reclamo*, sentenza del 19 ottobre 2012, Procedimento civile n. 1871/2012 V.G.

questo riconosca il diritto dei genitori di scrivere il nome e pure il cognome del proprio figlio defunto, pur non registrato all'anagrafe.[72]

La registrazione del nato morto va fatta non nel comune in cui hanno residenza i genitori, come per il nato vivo, ma in quello in cui è avvenuta la nascita, indicandone i genitori e compilando il solo atto di nascita in cui figura anche la morte.[73] Quindi l'atto non viene inviato per la trascrizione al comune di residenza, in quanto il nato morto non ne ha diritto. Questo non comporta ulteriori conseguenze giuridiche né patrimoniali poiché, se nato morto, non scatta il riconoscimento della capacità giuridica.[74]

La questione dovrebbe essere ormai in via di risoluzione in seguito ad una sentenza della Corte europea dei diritti umani di Strasburgo che ha riconosciuto il diritto di una madre di cambiare il cognome sulla lapide del figlio nato morto.[75]

---

[72] Cf. REGIONE MARCHE, Regolamento Regionale n. 7 del 16 novembre 2015, *Modifica al Regolamento Regionale 3/2009 Attività funebri e cimiteriali ai sensi dell'articolo 11 della L. R. 3/2005.*
[73] Cf. Art. 37, commi 1-2, D.P.R. 396/2000.
[74] Ai sensi dell'art. 1 del CC la «Capacità giuridica si acquista al momento della nascita».
[75] Cf. CEDU, *Znamenskaya v. Russia, n. 77785/01*, § 27, del 2 giugno 2005.

CAPITOLO II – ORA È TRATTATO COSÌ

In questo secondo capitolo cercheremo di illuminare la realtà: ne emergerà una casistica notevole e di vaste proporzioni. Vedremo, quindi, come la legislazione suddivide le fasi della gravidanza e come per ognuna ci siano diverse disposizioni riguardo al trattamento da riservare ai resti mortali e al coinvolgimento di parenti e istituzioni. Faremo una panoramica, pur non esaustiva, di ciò che può accadere quando non vengono sepolti. In sostanza cercheremo di indagare su quale fine fanno realmente i resti di coloro che muoiono prima di nascere.

1. La polizia mortuaria

Il trattamento della salma di un essere umano morto prima di nascere è scandito giuridicamente in fasi piuttosto rigide a seconda del momento in cui è avvenuto il fatto ed è regolato in principal modo dal Regolamento nazionale di polizia mortuaria,[76] con leggi regionali e regolamenti comunali che ne danno più precisa attuazione a livello locale.

a. Dalle 20 alle 28 settimane di gravidanza

Non ci soffermiamo sulla sorte dei cadaveri di bambini dichiarati "nati morti" all'ufficiale di stato civile poiché si seguono le stesse disposizioni previste per la sepoltura già riservate ai nati vivi.[77]

È assodato che dalle 20 alle 28 settimane di gestazione si provvede in ogni caso al seppellimento con l'unica differenza che, se non dichiarato "nato morto", il permesso di trasporto non viene rilasciato dal Sindaco, ma dall'Unità Sanitaria Locale.[78] I genitori hanno 24 ore di tempo per chiedere di poter provvedere per-

---

[76] Cf. Artt. 7 e 50, D.P.R. 285/90.
[77] Cf. *Ibid.*, art. 7, comma 1.
[78] Cf. *Ivi,* art. 7, comma 2; Art. 1, MINISTERO DELLA SANITÀ, *Circolare esplicativa al D.P.R. 285/90,* n. 24 del 24 giugno 1993.

sonalmente alla sepoltura. Diversamente, è la struttura sanitaria a provvedere. Solitamente, questo avviene in analogia con le parti anatomiche riconoscibili. Non è legale assimilarli ai rifiuti sanitari, ma vanno trattati con inumazione, tumulazione o cremazione. Queste avvengono singolarmente se richieste dai genitori, in genere in forma cumulativa se a provvedere sono le istituzioni. Normalmente tale sepoltura avviene comunque in forma individuale in apposita area del cimitero. Solitamente ogni tomba è contrassegnata da una tabella recante un numero progressivo associato all'iscrizione sul registro cimiteriale. Quindi i genitori, anche a distanza di anni, possono individuare il luogo esatto rivolgendosi all'ufficio del cimitero.

b. Prima delle venti settimane di gestazione

I resti mortali di embrioni e feti al di sotto delle 20 settimane di gravidanza sono definiti "prodotti del concepimento" e non hanno una destinazione univoca. È qui che vale la pena di soffermarsi maggiormente per approfondire quali opportunità offra la legislazione italiana. Punto di riferimento è ancora il Regolamento nazionale che recita: «A richiesta dei genitori possono essere raccolti con la stessa procedura anche prodotti del concepimento di presunta età inferiore alle 20 settimane».[79]

È chiaro quindi, in modo inequivocabile, il diritto dei genitori di richiedere il seppellimento sempre, fin dal concepimento. Generalmente è la madre a farne richiesta, ma nulla osta che sia il padre, talvolta è richiesta la firma di entrambi. Non è previsto che uno dei due genitori possa opporsi alla richiesta dell'altro. Possono esserci problemi se a richiederlo è il solo padre, soprattutto se i due non risultano uniti in matrimonio al momento del concepimento. Diversamente diventa più complesso per il padre dimostrare di esserlo, dovendo aprire un procedimento giudiziario. Questo aprirebbe interessanti scenari su cui qui non ci dilunghiamo. Tuttavia la legge non prevede la possibilità di uno dei genitori di opporsi, ma quella di ognuno, anche da solo, di poterlo richiedere. Emerge così una preferenza

---

[79] Art. 7, comma 3, D.P.R. 285/90.

chiara al seppellimento. Non è previsto, infatti, che i genitori possano optare per altra destinazione della salma. Sono concesse loro 24 ore per esprimere se intendano occuparsi direttamente della sepoltura: diversamente perdono ogni diritto.

Dire che un prodotto del concepimento ha "genitori" riconduce ad un suo "essere figlio", al far parte di una famiglia come un soggetto di diritto.[80] Tale comma offre una possibilità, non una opzione esclusiva. Infatti, troviamo una estensione già al comma 4 dove si dice che «i parenti o chi per essi sono tenuti a presentare, entro 24 ore dall'espulsione o estrazione del feto, domanda di seppellimento».[81] Non si precisa entro quale grado di parentela né come debbano essere identificati i "chi per essi": potremo, quindi, considerarli come soggetti da loro delegati o semplicemente altri che ne manifestino un interessamento.

Ancora più estensivo pare essere l'art. 50 dove si indica che «nei cimiteri devono essere ricevuti, quando non richiesta altra destinazione [...] i prodotti del concepimento»[82] senza porre la condizione che siano stati o meno richiesti dai genitori. Quindi la norma è che vengano accolti nei cimiteri, tranne il caso in cui ne venga esplicitamente richiesta un diverso trattamento. E chi, se non i genitori, dovrebbero avere titolo a tale diversa indicazione? Resta così inteso che in mancanza di questa dovrebbe essere il cimitero la destinazione di elezione.

Prova di questo ne è una circolare del Ministero della Salute che così recita: *«Si ritiene che il seppellimento debba di regola avvenire anche in assenza di detta richiesta [quella dei genitori, N.d.R.]».*[83] Tale indicazione è ai più sconosciuta e in genere disattesa pur, come vedremo, con alcuni distinguo.

La Convenzione di Oviedo precisa che «allorquando una parte del corpo umano è stata prelevata nel corso di un intervento, questa non può essere conser-

---

[80] Cf. G. GARANCINI, *Parere sulla sepoltura dei feti.*
[81] Art. 7, comma 4, D.P.R. 285/90.
[82] *Ibid.* Art. 50, comma 1.
[83] MINISTERO DELLA SANITÀ, *Circolare telegrafica,* 500.

vata e utilizzata per scopo diverso da quello per cui è stata prelevata in conformità alle procedure di informazione e di consenso appropriate».[84] Così

> sembra di poter dire, dunque, che tutto il complesso normativo di cui ad oggi possiamo disporre indichi - o generalizzata o su richiesta - la possibilità legittima di provvedere alla sepoltura o alla cremazione dei resti mortali dei feti abortiti, a prescindere dall'età uterina.[85]

2. Epidemiologia

Nel 2015 sono stati 62.085 gli aborti spontanei che hanno richiesto un ricovero in un istituto di cura.[86] La successione storica di questo dato, raccolto sistematicamente dall'Istat dal 1956 ad oggi,[87] è particolarmente importante per capire come la legislazione abbia modificato il modo di registrare il termine di una gravidanza. Si evidenzia, in particolare, un dimezzamento di aborti spontanei registrati fra il 1977 e il 1979, in concomitanza della legalizzazione dell'aborto volontario.[88] Ci limitiamo a segnalare un aumento del 28,9% dal 1982 al 2013, con un relativo aumento del 55,3% del rapporto di abortività corrispondente a 138,5 interruzioni spontanee della gravidanza per 1000 nati vivi.[89] Di tale aumento è in buona parte ritenuta responsabile l'accresciuta età media delle donne in gravidan-

---

[84] CONSIGLIO D'EUROPA, *Convenzione per la salvaguardia dei diritti dell'uomo e della Dignità dell'Essere Umano riguardo alle applicazioni della biologia e della medicina (Convenzione di Oviedo)*, 1996, 22.

[85] G. GARANCINI, *Parere sulla sepoltura dei feti*, 10.

[86] Cf. ISTAT, *Indagine rapida sulle dimesse per aborto spontaneo gennaio-ottobre 2016*, in http://www.istat.it/it/files/2011/10/Dimesse_per_aborto_spontaneo.xls [9-6-2017]. I dati si riferiscono ad eventi accaduti entro il 180° giorno di amenorrea.

[87] Cf. L. MARZIA, *Salute riproduttiva delle donne*, 2015, in http://schedefontidati.istat.it/index.php/Salute_riproduttiva_delle_donne [16-6-2016].

[88] Cf. ISTAT, *Serie storiche sanità e salute*, in http://seriestoriche.istat.it/index.php?id=1&no_cache=1&tx_usercento_centofe%5Bcategoria%5D=4&tx_usercento_centofe%5Baction%5D=show&tx_usercento_centofe%5Bcontroller%5D=Categoria&cHash=8664faf9f1b9afc9dd19013b95483b35 [9-6-2017].

[89] Aborti spontanei per 1000 nati vivi (cf. ISTAT, *Annuario statistico italiano 2016*, 120).

za dove il tasso dell'evento avverso è molto più elevato.[90] Di questi 58.530 sono relativi a gestanti italiane,[91] 757 quelle successive alle 20 settimane di amenorrea.[92]

Gli aborti volontari legali sono stati in Italia 87.639 nel 2015,[93] con un tasso di abortività (numero di ivg per 1000 donne tra i 15 e i 49 anni) pari a 6,6.[94] Quelli clandestini sono stimati in 12-15mila per le italiane, 3-5mila per le straniere.[95]

L'utilizzo della RU486[96] è in notevole aumento, arrivando a coprire il 15,2% di tutte le ivg nel 2015, con un valore assoluto di 11.134 casi.[97] Con questa metodica l'embrione umano muore in utero a causa della mancanza di progesterone, di cui il Mifepristone è un potente recettore, per poi essere espulso intero con la somministrazione di prostaglandine (più spesso il Cytotec). Il processo può impiegare più giorni, così sono numerose le donne che assistono all'espulsione all'e-

---

[90] Cf. OSSERVATORIO NAZIONALE SULLA SALUTE NELLE REGIONI ITALIANE, *Rapporto osservasalute 2016*, Università Cattolica del Sacro Cuore, Roma 2017, in http://www.osservatoriosullasalute.it/osservasalute/rapporto-osservasalute-2016 [9-6-2017], 269.

[91] Cf. ISTAT, *Annuario statistico italiano 2015*, Istituto nazionale di statistica, Roma 2015, in http://www.istat.it/it/files/2015/12/Asi-2015.pdf [6-4-2017], 116-117.

[92] Cf. M. A. MENDIRI - A. Y. OTERO - P. S. REDONDO, *Atención profesional a la pérdida y el duelo durante la maternidad*, Servicio Extremeño de Salud, Merida Spagna 2015, in http://saludextremadura.gobex.es/documents/19231/562422/libro+duelo+SES.pdf [9-6-2017], 187 e ss.

[93] Dato provvisorio relativo al 2015 (cf. MINISTERO DELLA SALUTE, *Relazione del ministro della salute sulla attuazione della legge contenente norme per la tutela sociale della maternità e per l'interruzione volontaria di gravidanza (legge 194/78): dati preliminari 2015 dati definitivi 2014*, 2016, in http://www.salute.gov.it/portale/documentazione/p6_2_2_1.jsp?lingua=italiano&id=2552 [14-6-2017], 1.

[94] Tasso di abortività per 1000 donne residenti in Italia per cittadinanza (cf. *Ibid.*, 27).

[95] Cf. *Ibid.*, 13.

[96] Utilizzata in Italia fino al 49° giorno di gestazione.

[97] Cf. *Ibid.*, 40.

sterno della struttura sanitaria trovandosi letteralmente in mano i resti del proprio figlio.[98]

Abbiamo, quindi, a che fare con un totale ufficiale registrato di 149.724 gravidanze precocemente terminate che hanno richiesto un ricovero della gestante e, di conseguenza, di altrettante coppie di genitori interessate in Italia in un solo anno. Diventano 152.120 gli embrioni e feti se teniamo conto anche dei concepimenti gemellari.[99]

Un dato che ci interessa approfondire è quello legato all'epoca gestazionale. Il 46,8% degli aborti volontari è stato praticato in epoca precoce, uguale o inferiore a 8 settimane, il 12,9% a 11-12 settimane e il 5% dopo la dodicesima settimana,[100] di questi 1044 sono quelli abortiti oltre le 21 settimane di gestazione.[101]

Altro parametro utile al nostro lavoro è rappresentato dal metodo abortivo, in quanto può facilitare o limitare la possibilità di effettuare la sepoltura individuale oltre al riconoscimento delle sembianze umane. I due metodi abortivi per aspirazione, il Karman con il 55,6% e l'isterosuzione con il 17%,[102] richiedono l'utilizzo di un apparecchio elettromedicale chiamato "isterosuttore". Si tratta di un «aspiratore straordinariamente potente»[103] collegato ad una sottile cannula che inserita in utero ne aspira il contenuto. L'embrione o il feto umano viene così smembrato e raccolto in un capiente vaso che, normalmente, viene sostituito solo giornalmente. Spesso ne segue una revisione uterina per estrarne eventuali residui, tipicamente il capo nel caso di gravidanze più avanzate. In questo modo le mem-

---

[98] Nel 76% dei casi, quindi in circa 6160 casi nel 2013 (cf. MINISTERO DELLA SALUTE, *Interruzione volontaria di gravidanza con mifepristone e prostaglandine*, 2013, in http://www.salute.gov.it/imgs/C_17_pubblicazioni_1938_allegato.pdf [6-4-2017], 20).

[99] Stimati in 16 per 1000 gravidanze (cf. *La biologia dei gemelli*, 2001, in http://www.uniroma2.it/didattica/Genetica/deposito/La_biologia_dei_gemelli.doc [4-6-2017]).

[100] Cf. MINISTERO DELLA SALUTE, *Relazione del ministro della salute sulla legge 194/78*, 2016, 34.

[101] Cf. *Ibid.*, Allegato 1, tabella 19.

[102] Cf. *Ibid.*, 3.

[103] SIEM-NOVA S.R.L, *Catalogo isterosuttori ed accessori*, in

bra di più aborti sono mescolate assieme e/o possono finire in contenitori diversi rendendo impossibile una sepoltura individuale e/o completa, se non prevista a priori. Il corpicino può essere estratto intero tramite raschiamento, uso di prostaglandine o più raramente con taglio cesareo, questi ultimi praticati a gravidanze più avanzate.

Restano inesplorati due grandi campi: quello degli aborti spontanei che non richiedono il ricovero, quelli provocati dalle pillole abortive e dalla spirale, quello degli embrioni prodotti in vitro. Di questi ufficialmente tutti gli embrioni umani prodotti vengono poi trasferiti o congelati in ossequio al divieto di sopprimerli.[104]

Tuttavia ci sono voci insistenti, denuncia Claudio Girlandino, ginecologo e presidente del forum delle associazioni di Genetica e Riproduzione, secondo cui si stiano consumando molti «crimini con embrioni gettati nei lavandini nei laboratori di embriologia».[105] Non sarebbe diversamente giustificabile l'alto numero di gravidanze dichiarato dalle cliniche italiane rispetto a quelle di ogni altra parte del mondo. Si può facilmente ritenere che tale tragica fine accada in gran numero ogni giorno, dove la rete fognante non solo rappresenta la destinazione di migliaia di embrioni umani appena concepiti, ma ne sia anche il luogo in cui trovano la morte dopo aver trascorso gli ultimi attimi della loro brevissima esistenza.

---

http://www.siemnova.com/upload/download/e5715a7f96e2fda2c1bbbc270c10b10f.pdf [4-6-2017].
[104] Cf. Art. 14, comma 1, Legge n. 40 del 19 febbraio 2004, *Norme in materia di procreazione medicalmente assistita.*
[105] *Fecondazione: Giorlandino - embrioni buttati nel lavandino, legge causa crimini,* 2006, in
http://www1.adnkronos.com/Archivio/AdnSalute/2006/03/09/Sanita/FECONDAZIONE-GIORLANDINO–EMBRIONI-BUTTATI-NEL-LAVANDINO-LEGGE-CAUSA-CRIMINI_135045.php [31-5-2016].

3 Smaltimento di embrioni e feti umani

In seguito ad un aborto, sia spontaneo che volontario, ci si ritrova a dover decidere a quale percorso destinarne i resti: più o meno voluminosi o con maggiore o minore evidenza di appartenenza umana, è innegabile che vadano in qualche modo trattati. Per quelli più piccoli la destinazione più frequente risulta essere il water o i rifiuti urbani. Questo avviene in «violazione del regolamento di polizia mortuaria e delle norme di igiene»,[106] ma rappresenta certo la via più facile.[107]

a. Un rifiuto speciale: bruciare feti

Ha provocato allarme e indignazione in tutto il mondo la notizia che in numerose cliniche inglesi si siano bruciati i resti di almeno 15 mila feti umani abortiti. Una macabra procedura realizzata negli impianti di termovalorizzazione insieme ad altri rifiuti ospedalieri, usati per produrre energia o per riscaldare gli ospedali. Questo senza il consenso dei genitori a cui era stato comunicato che sarebbero stati cremati. Alcuni hanno associato tale pratica a quelle del regime nazista, dove si cercava di trarre vantaggio dai cadaveri delle persone uccise nei campi di concentramento. In seguito alla notizia, il Dipartimento della Salute inglese ha emesso un decreto immediato per vietare questa pratica, considerandola totalmente inaccettabile.[108]

Correva il 1974 quando due giovani giornalisti inglesi, dopo essere passati di clinica in clinica fingendosi alla ricerca di abortire, pubblicavano la loro inchie-

---

[106] MINISTERO DELLA SANITÀ, *Circolare* telegrafica, 500.
[107] Cf. «Usl propone la sepoltura dei piccoli feti», *Corriere della Sera*, 1 marzo 1989, 6. Una donna che ho accompagnato di recente alla sepoltura del figlio deceduto a 8 settimane dal concepimento mi ha raccontato di come le abbiano fornito la padella per raccogliere il feto mentre, le dicevano che normalmente tutto finisce nel water.
[108] Cf. *Shocking report shows: 15,000 aborted babies incinerated to heat british hospitals*, 2014, in http://www.lifenews.com/2014/03/24/shocking-report-shows-15000-aborted-babies-used-to-heat-british-hospitals/ [23-3-2016]; S. KNAPTON, *Aborted babies incinerated to heat UK hospitals*, 2014, in

sta smascherando un traffico di feti umani per la sperimentazione e la ricerca.[109] Mentre il Ministero della Sanità inglese imponeva di bruciare i feti, un medico abortista dichiarava loro:

> *La gente che abita vicino alla mia clinica si è lamentata per il puzzo di carne bruciata. L'odore viene dall'inceneritore ed è proprio un fetore. Dicono che puzza come un campo di sterminio nazista durante l'ultima guerra. [...] Per questo, sono sempre alla ricerca di sistemi per eliminare i feti senza bruciarli. [...] Ci sono bambini già molto grossi. È un vero peccato buttarli nell'inceneritore, quando se ne potrebbe fare un uso molto migliore.[110]*

Oggi, sofisticati filtri applicati agli inceneritori silenziano questo campanello di allarme. La norma impone infatti di adottare tutte le misure «in modo da ridurre le emissioni e gli odori secondo le migliori tecniche disponibili».[111]

Nella nostra ricerca ha particolarmente colpito il fatto che le parole "bruciare feti", digitate sul motore di ricerca Google, in ricerca semplice su tutto il web, non abbiano prodotto risultati,[112] in nessun documento, sia con che senza virgolette. Tanti, invece, i risultati ottenuti nelle sezioni video, immagini, notizie (che dovrebbero risultare solo sottogruppi) o su altri motori di ricerca. Pare quasi una censura.

b. E in Italia?

In Italia la pratica di ottenere energia e persino combustibile dai feti abortiti è non solo legale e tollerata, ma addirittura incentivata, fino a diventare un obbligo per i nuovi impianti di incenerimento. La normativa italiana sullo smalti-

---

http://www.telegraph.co.uk/news/health/news/10717566/Aborted-babies-incinerated-to-heat-UK-hospitals.html [23-3-2016].

[109] Cf. S. KENTISH - M. LITCHFIELD, *Bambini da bruciare*, Edizioni Paoline, Catania 1976.

[110] *Ibid.*, 178-179.

[111] Art. 237-octies, comma 1, D.Lgs. n. 152 del 3 aprile 2006, *Norme in materia ambientale.*

[112] Ricerca effettuata su www.google.it [6-4-2016].

mento dei rifiuti sanitari[113] codifica i «rifiuti speciali pericolosi a rischio infettivo» alla voce H9[114] insieme a «tessuti, organi e parti non riconoscibili»[115] inserendoli nel regime giuridico di «rifiuti sanitari che richiedono particolari sistemi di gestione»,[116] in linea con le indicazioni dell'Unione Europea.[117]

RIFIUTI SANITARI PERICOLOSI A RISCHIO INFETTIVO
SOLIDI E LIQUIDI
C.E.R. 18 01 03

DESCRIZIONE	<ul><li>Tutti i rifiuti prodotti da pazienti in isolamento</li><li>Tutti i rifiuti **contaminati da:**<ul><li>feci/urine (se il medico curante ravvisa una patologia trasmissibile attraverso tali escreti)</li><li>secrezioni vaginali, liquido seminale, cerebro-spinale, sinoviale, peritoneale, pleurico, pericardico, amniotico</li></ul></li><li>Tutti i rifiuti provenienti dall'attività sanitaria, **contaminati da sangue e/o liquidi biologici, contenenti sangue in quantità tale da renderlo visibile** quali: - gessi ortopedici — sonde rettali e gastriche, sondini - sacche per urine — circuiti per circolazione extracorporea - sacche per trasfusioni — materiali per medicazioni (garze, tamponi, bende, cerotti, pezze laparotomiche etc.) - denti - drenaggi — cannule, deflussori, fleboclisi, siringhe, etc. - filtri di dialisi — DPI (guanti, mascherine, occhiali, camici, soprascarpe)</li><li>Parti anatomiche non riconoscibili</li><li>Rifiuti da laboratorio (terreni di coltura, piastre e provette, etc)</li></ul>

Figura 1[118]

La legge consente di incenerire direttamente tali rifiuti «recuperandone il calore per quanto tecnicamente possibile»,[119] imponendolo un elevato livello di

---

[113]Cf. Art. 3, D.P.R. n. 254 del 15 luglio 2003, *Regolamento recante disciplina della gestione dei rifiuti sanitari a norma dell'art. 24 della legge 179/2002.*
[114] All. I, D.Lgs. 205/2010.
[115] All. 1,3, D.P.R. 254/2003.
[116] *Ivi.*
[117] Con Codice CER 18 01 03* (cf. Elenco dei rifiuti istituito dalla Decisione della Commissione Europea, 2000/532/CE del 3 maggio 2000, in http://eur-lex.europa.eu/LexUriServ/LexUriServ.do?uri=CONSLEG:2000D0532:20020101:IT:PDF [6-4-2017], recepita dal D.Lgs. 152/2006).
[118] AZIENDA COMPLESSO OSPEDALIERO SAN FILIPPO NERI, *Gestione dei rifiuti ospedalieri,* 2010, All. 5 in http://intranetsfn.asl-rme.it/qualita/allegati/111110_rifiuti_ospedalieri.pdf [19-8-2017].
[119] Art. 237-octies, comma 12, D.Lgs. 152/2006; cf. art. 35, comma 6, All. Legge n. 164 del 11 novembre 2014, *Conversione in legge, con modificazioni, del decreto-legge 12 settembre 2014, n. 133, recante misure urgenti per l'apertura dei cantieri, la realizzazione*

recupero energetico per la realizzazione di nuovi impianti.[120] Vi è persino una indicazione affinché le pubbliche amministrazioni perseguano l'impiego di tali rifiuti al fine di produrre combustibili.[121] Se inizialmente venivano denominati CDR (Combustibili da Rifiuti)[122] ora sono definiti come CSS (Combustibili Solidi Secondari)[123] al fine di «aumentare la fiducia dell'opinione pubblica».[124]

Di questi processi si stanno occupando alcune aziende del settore, promettendo risparmi dal 15 al 30% per la loro gestione, già in sperimentazione in alcuni ospedali.[125] Tale processo avviene trattando i rifiuti speciali sminuzzandoli, sterilizzandoli, gassificandoli.[126]

---

delle opere pubbliche, la digitalizzazione del Paese, la semplificazione burocratica, l'emergenza del dissesto idrogeologico e per la ripresa delle attività produttive.

[120] Cf. Art. 8, comma 1, lettera c, D.Lgs. 205/2010.

[121] Cf. *Ibid.*, art. 4, comma 1.

[122] Cf. Art. 2, D.M. Ambiente, 1998, *Individuazione dei rifiuti non pericolosi sottoposti alle procedure semplificate di recupero ai sensi degli articoli 31 e 33 del decreto legislativo 5 febbraio 1997, n. 22,* in http://opr.provincia.avellino.it/public/doc/DM%2005%20febbraio%201998.pdf [8-4-2016]; art. 183, comma 1, D.Lgs. 152/2006.

[123] Cf. Art. 10, D.Lgs. 205/2010.

[124] G. CICERI, *Dal CDR ai CSS la nuova UNI 9903,* 2011, in http://newweb.riminifiera.it/upload_ist/AllegatiProgrammaEventi/Ciceri_2032980.pdf [9-4-2016].

[125] Cf. *Smart Hospital: energia pulita dai rifiuti ospedalieri,* 2012, in http://www.ideegreen.it/smart-hospital-energia-pulita-dai-rifiuti-ospedalieri-14011.html [8-4-2016].

[126] Cf. REGIONE PIEMONTE - SANITÀ, *Torino: l'ospedale San Luigi vincitore al premio Smart City,* 2014, in http://www.regione.piemonte.it/sanita/cms2/notizie-87209/notizie-dalle-asl-e-dalle-aso/2576-14-05-2014-torino-l-ospedale-san-luigi-vincitore-al-premio-smart-city [8-4-2016].

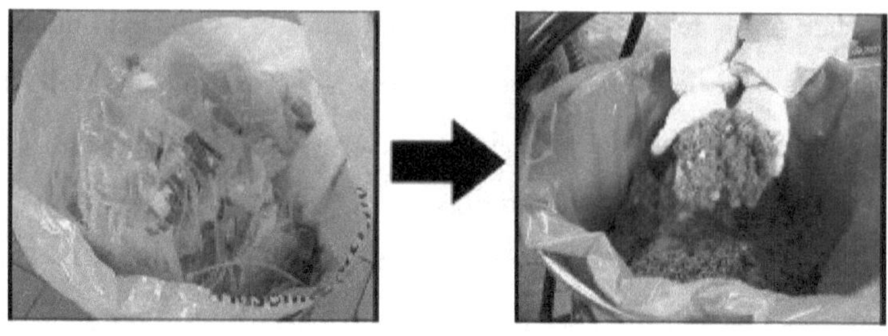

<table>
<tr><td>Fig. 2   Rifiuti ospedalieri</td><td>Rifiuti ospedalieri sterilizzati[127]</td></tr>
</table>

Alle parti anatomiche non riconoscibili si riconducono generalmente i resti degli aborti al di sotto delle 20 settimane di gravidanza, non essendo indicato altrimenti. Tuttavia la correttezza di tale assimilazione è tutt'altro che scontata. Si tratta infatti di una interpretazione che non trova fondamento esplicito in alcuna norma di legge. Nell'estesissima casistica definitoria mai si fa esplicito riferimento a resti fetali o prodotti abortivi.[128] Questo è segno che la normativa «di considera comunque soggetti umani e non rifiuti».[129] Infatti:

> *il piccolo feto abortito, anche quando si distacchi in fase molto precoce e in modo non integro dal corpo materno, non costituisce [...] una mera parte anatomica, un organo o un tessuto del concepito, bensì il corpo del medesimo nella sua sostanziale interezza.[130]*

Di conseguenza, dal punto di vista legale, non è corretta l'assimilazione in uso. In definitiva, quando un feto abortito al di sotto delle 20 settimane non venga richiesto dai genitori, dovrebbe essere assimilato, quantomeno, al trattamento delle parti anatomiche riconoscibili come coerentemente interpretato dalla Regione Lombardia.[131]

---

[127] *Smaltimento Rifiuti Sanitari,* in http://gestione-rifiuti.it/smaltimento-rifiuti-sanitari [portale gestito da WST Europa Srl] [9-4-2016].

[128] Cf. Allegato I, D.P.R. 254/2003.

[129] G. GARANCINI, *Parere sulla sepoltura dei feti,* 9.

[130] L. EUSEBI, «Parere sull'assetto giuridico concernente il trattamento dei resti umani a seguito di morte avvenuta in fase prenatale, con particolare riguardo al caso in cui la gestazione non abbia superato le venti settimane», *Medicina e morale,* v. 59, n. 4 (2010), 557–560.

[131] Cf. *Ibid.,* 559.

Nei fatti invece ciò che viene espulso o estratto durante un aborto volontario o spontaneo entro le 20 settimane viene gettato nell'apposito contenitore per rifiuti speciali insieme a garze e altro materiale contaminato, stoccato per un breve periodo e poi prelevato da aziende specializzate o trattato internamente alla struttura sanitaria.

In prossimità delle 20 settimane il feto non di rado esce vivo, pur, ad oggi, senza alcuna possibilità di sopravvivenza. Ho raccolto personalmente la testimonianza di sanitari che regolarmente gettano nei rifiuti feti umani con ancora il cuore battente, altri che li mettono in frigorifero, altri ancora che li accudiscono facendogli compagnia per quei pochi istanti di vita post-natale.

4. Sfruttamento di embrioni e feti

Un feto abortito, se non sepolto, come abbiamo visto, può essere smaltito, ma può anche essere dimenticato,[132] smarrito,[133] abbandonato o utilizzato in numerosi modi. È quasi unanimemente condiviso che di organi, tessuti e cadaveri umani non si possa fare commercio.[134] Tuttavia, il crescente interesse della scienza medica sta alimentando un dibattito sulla questione al fine di poterne avere larga disponibilità.

Numerosi sono i casi di scandali legati a traffici di organi e tessuti abortivi. Oggi è semplice e alla portata di tutti l'acquisto di cellule del corpo umano, sia fresche che crioconservate.[135] Vi sono testimonianze di genitori invitati dai medici a lasciare all'ospedale il corpicino del bimbo, anche morto a termine gravidan-

---

[132] Cf. C. PICOZZA, *Feti malformati e resti umani: orrore al Policlinico Umberto I*, 2009, in http://www.repubblica.it/2009/02/sezioni/cronaca/umberto-i/umberto-i/umberto-i.html [24-7-2017].

[133] È perfino pubblicato in gazzetta ufficiale che sia frequente lo smarrimento dei "piccoli feti" (cf. All. 2, L. 31/2006, Protocollo per riscontro diagnostico, 165).

[134] Art. 21, *Convenzione di Oviedo*.

[135] Consultare ad esempio http://stemexpress.com/ [5-5-2017] ed inserire "fetal" nella ricerca. In questo modo si possono acquistare on line cellule di fegato fetale ad un costo che va da 732$ a 36.675$.

za.[136] Ci sono gestanti a cui è stato proposto un compenso per abortire più avanti nella gestazione così da poter estrarre il feto vivo e poterlo usare per cosmesi e ricerca.

È tra le pagine più macabre del celebre romanzo "La città della gioia" che Lapierre denuncia un traffico di embrioni e feti umani così spietato da disinteressarsi della morte della stessa madre che diverrà a sua volta oggetto del losco traffico per essere esportata in America come scheletro privo di identità.[137]

a. La ricerca scientifica

Negli ultimi decenni il corpo umano è divenuto particolarmente appetibile ai ricercatori: inizialmente per studiarlo, poi per indagarne le cause di morte, quindi per il prelievo di organi e tessuti, recentemente per il prelievo di cellule staminali. Per quanto riguarda queste ultime, quelle adulte sono ricavabili senza conseguenze da soggetti in vita con importanti risultati terapeutici.

Nel caso invece delle staminali embrionali,[138] il loro prelievo implica la distruzione dell'embrione umano ai primissimi stadi del suo sviluppo,[139] dopo essere stato prodotto in vitro. Ancora acceso è il dibattito etico e legale sul loro prelievo e ancora insignificanti le prospettive terapeutiche a causa della loro incontrollabilità che porta facilmente allo sviluppo di tumori devastanti.

---

[136] «In ospedale la dottoressa incaricata di accertare il decesso ha insistito con mio marito e mia madre perché lasciassimo il nostro bellissimo angioletto in ospedale» [nato morto a 39+1 settimane N.d.R.] (cf. https://www.change.org/p/on-le-ministro-della-salute-d-ssa-beatrice-lorenzin-ed-on-le-ministro-dell-interno-dott-ang-modifica-dell-art-37-del-D.P.R.-396-2000?utm_source=share_petition&utm_medium=whatsapp [09/05/2015]).

[137] Cf. D. LAPIERRE, *La città della gioia*, Mondadori, Milano 1995, 179-183.

[138] «Linee cellulari staminali pluripotenti derivate dall'embrione prima della formazione dei tre foglietti germinativi» (*Glossario*, http://www.eurostemcell.org/de/node/21594 [3-5-2016]).

[139] Cf. INTERNATIONAL SOCIETY FOR STEM CELL RESEARCH, *Guidelines for stem cell research and clinical translation*, 2016, in http://www.isscr.org/docs/default-source/guidelines/isscr-guidelines-for-stem-cell-research-and-clinical-translation.pdf?sfvrsn=2 [30-5-2016], 5.

In Italia è vietata la soppressione di embrioni umani concepiti in vitro e ancora al di fuori del ventre materno,[140] così pure la sperimentazione su di essi, tranne il caso in cui sia a salvaguardia dello stesso.[141] Il miraggio di poter ottenere ogni tipo di tessuto e pezzo di ricambio è oggi visto nella clonazione umana risolvendo così il problema del rigetto: è vietata in quasi tutto il mondo quella riproduttiva, ma spesso non quella cosiddetta terapeutica.

Di grande interesse per il nostro studio è l'utilizzo di tessuti e organi derivanti da feti abortiti. Su questo fronte il diritto positivo e quello naturale si trovano abbastanza concordi sia a livello italiano che europeo per vietarne il commercio,[142] riconoscere la necessità di un consenso libero e consapevole dei genitori ed un rispetto della vita fetale, in modo che in nessun caso sia incentivato l'aborto, limitandone il prelievo ai cadaveri.[143] Purtroppo, per averne di buona qualità, non è sufficiente il prelievo da soggetti deceduti da aborti spontanei dove i tessuti sono quasi sempre già irrimediabilmente compromessi. Si fa, quindi, spesso ricorso al prelievo da aborti volontari,[144] talvolta procrastinati e programmati al fine di avere ciò che serve in quel momento, facendone commercio e anche pagando la "donatrice".[145]

Grande ed analoga attenzione anche da parte dell'Organizzazione Mondiale della Sanità che ha tuttavia escluso da ogni protezione gli embrioni umani destina-

---

[140] Cf. Art. 14, comma 1, Legge 40/2004.

[141] Cf. *Ivi*, commi 1 e 2; COMITATO NAZIONALE PER LA BIOETICA, *Parere del comitato nazionale per la bioetica su ricerche utilizzanti embrioni umani e cellule staminali*, 2003, in http://presidenza.governo.it/bioetica/testi/110403.html [16-4-2016].

[142] «Ogni prassi tendente a commercializzare gli organi umani o a considerarli come unità di scambio o di vendita, risulta moralmente inaccettabile, poiché, attraverso un utilizzo "oggettuale" del corpo, viola la stessa dignità della persona» (GIOVANNI PAOLO II, *Discorso al XVIII congresso internazionale della Società dei trapianti*, 29 agosto 2000).

[143] Cf. CONSIGLIO D'EUROPA, Raccomandazione n. 1046 del 1986, *Utilizzazione di embrioni e feti umani a fini diagnostici, terapeutici, scientifici, industriali e commerciali*; CONSIGLIO D'EUROPA, Raccomandazione n. 1100 del 1989, *Use of human embryos and foetuses in scientific research*.

[144] Cf. S. PRIVITERA (ed.), *La donazione di organi: storia, etica, legge*, Città Nuova, Roma 2004, 74-76.

[145] Cf. D. LAPIERRE, *La città della gioia*, 179-183.

ti alla riproduzione.[146] Ci sono, però, pressioni che stanno indebolendo tale protezione. Con il concetto di non viabilità, si intendono discriminare gli embrioni e i feti umani difettosi.[147] Importanti finanziamenti sono stati recentemente destinati a tali ricerche da parte dell'UE.[148] A nulla sono valse le firme di due milioni di cittadini europei che hanno chiesto di sospenderli attraverso la petizione europea denominata "One of us".[149]

A più riprese sono emersi scandali sul commercio di feti umani abortiti con particolari così aberranti da scuotere l'opinione pubblica dell'intero pianeta. Lo scandalo più recente e di certo il più rilevante, almeno per la risonanza che ne è conseguita, ha coinvolto la più grande agenzia che si occupa di salute riproduttiva, con catene di cliniche per aborti in Usa e filiali in tutto il mondo, l'americana Planned Parenthood. The Center for Medical Progress, nel luglio 2015, ha diffuso una serie di video come prove schiaccianti di un folto traffico di organi di feti abortiti, persino con l'aborto a nascita parziale.[150] Ne risultano direttamente coinvolti i suoi dirigenti per un commercio di vaste proporzioni. Fra i più richiesti si elencano polmoni, cervello, fegato, cuore, arti, prelevati da feti abortiti anche a gravidanza molto avanzata con tecniche idonee a preservarne le parti richieste. Ta-

---

[146] Cf. WHO, Risoluzione WHA63.22 del 2010, *WHO Guiding principles on human cell, tissue and organ transplantation*.

[147] Quelli con caratteristiche biologiche suscettibili di impedire il loro sviluppo (cf. CONSIGLIO D'EUROPA, Raccomandazione 1100/89, 25).

[148] Fino al 31 dicembre 2013 era in vigore una moratoria, decaduta quando il Governo italiano ha tolto l'appoggio al gruppo di paesi che la sostenevano (cf. F. DONVITO, *Soldi Ue per la ricerca sugli embrioni*, 2004, in
http://www.aduc.it/articolo/soldi+ue+ricerca+sugli+embrioni+nonostante+assenza_6882.php [16-4-2016].

[149] Cf. *One of us*, in www.oneofus.eu [4-6-2017].

[150] Cf. *Medical Group: Planned Parenthood sells fetal body parts*, 2015, in http://www.newsmax.com/US/Planned-Parenthood-body-parts-fetal-Center-for-Medical-Progress/2015/07/14/id/656946/ [16-7-2015].

le commercio è punibile in USA con la reclusione fino a 10 anni e/o fino a 500 mila dollari.[151]

b. Trapianti e consenso alla donazione

In Italia la legge prevede il tacito consenso alla donazione di organi per quanto riguarda i maggiorenni che non ne abbiano precedentemente manifestato opposizione scritta; non così per i minori di cui serve sempre il consenso dei genitori.[152] È comunque prassi che sempre si chieda il consenso ai parenti anche per i maggiorenni che non si siano espressi in vita. Per l'uso del cadavere umano per la ricerca scientifica è invece necessario il previo consenso dell'interessato, per i minori quello dei genitori: è, infatti, ancora controverso il «tema della proprietà delle spoglie umane».[153]

Interessante il comma riguardante il caso oggetto del nostro studio: «Non è consentita la manifestazione di volontà in ordine alla donazione di organi per i nascituri».[154] Una protezione particolare proprio al feto, maggiore di quella riservata al neonato. Forse l'unico caso nella legislazione italiana.

c. Cosmesi

Si chiamano "terapie cellulari" e sono trattamenti che utilizzano cellule animali senza in genere specificarne l'origine. Un prodotto molto utilizzato è il collagene: si tratta di un insieme di proteine responsabili della salute di ossa, articolazioni, unghie capelli e pelle. I feti ne contengono percentuali molto alte, fino

---

[151] Cf. F. PAPARELLI THISTLE, *Ciao, mi chiamo Deborah e vendo aborti fatti a pezzi*, 16 luglio 2015, in http://www.lacrocequotidiano.it/articolo/2015/07/16/societa/ciao-mi-chiamo-deborah-e-vendo-aborti-fatti-a-pezzi [4-6-2017].

[152] Cf. Art. 4, Legge n. 91 del 1 aprile 1999, *Disposizioni in materia di prelievi e di trapianti di organi e di tessuti*.

[153] COMITATO NAZIONALE PER LA BIOETICA, *Donazione d'organo a fini di trapianto*, 1991.

[154] Art. 4, comma 3, L. 91/99.

al 50%; secondo alcuni quelle utilizzate nei cosmetici possono provenire da cellule fetali di origine umana.[155]

Fra tutti i possibili utilizzi di materiale abortivo quello cosmetico appare come il più dicotomico. Vi sono infatti donne così povere da essere disposte a concepire un figlio al solo scopo di abortirlo al momento giusto[156] e altre pronte a pagare profumatamente per nascondere solo qualche ruga. Le prime finiscono facilmente per pentirsene amaramente, le seconde a compiacersene.[157] In mezzo professionisti senza scrupoli, disposti a silenziare le proprie coscienze pur di arricchirsi.[158]

Rilevanza pubblica se ne ebbe in Italia nel 1984, ma in pochi mesi tutto fu messo a tacere. Lo scandalo partì quando venne pubblicato sul Corriere della Sera un articolo a firma di Giovanni Testori in cui si denunciava un mercato su scala internazionale di feti umani destinati all'industria della cosmesi.[159] Ne seguì una interrogazione parlamentare al ministro della Sanità[160] alla quale non risulta aver poi risposto. Il ministero dell'Interno interrogò tutti i prefetti chiedendo se vi fosse in Italia un commercio di feti e/o fossero utilizzati per l'industria cosmetica e an-

---

[155] Cf. *Cina, la pelle dei condannati a morte usata per produrre collagene*, 13 settembre 2005, in
http://www.repubblica.it/2005/i/sezioni/scienza_e_tecnologia/collacina/collacina/collacina.html [29-7-2017].

[156] Cf. «Ex URSS: Aborti per creare cosmetici», *Corriere della Sera*, 12 febbraio 1995, 6.

[157] «Lena, dopo che tutto è avvenuto, si pente: "Non avrei mai pensato che avrei dovuto fare tutto questo al mio primo figlio". Mentre una signora, sottoposta al trattamento di bellezza (il costo della terapia 300 mila lire per un 5 milionesimo di grammo), osserva soddisfatta: "Ho molte meno rughe in viso adesso"» (E. COSTANTINI, «L'orrore in tv, choc in piazza: Usati per i cosmetici i feti delle donne che abortiscono a pagamento», *Corriere della Sera*, 10 giugno 1994, 16).

[158] «Sono orgogliosi del loro lavoro il direttore dell'Istituto, Gennadij Suchich vanta di dirigere la più grande banca di cellule fetali, il chirurgo estetico californiano Michael Molnar e il pediatra tedesco Franz Schmitd» (*Ibid.*).

[159] Cf. G. TESTORI, «Incredibile: un traffico di feti per l'industria della cosmesi», *Corriere della Sera*, 20 agosto 1984, 1.

[160] Cf. MENSORIO, *Atti parlamentari IX legislatura Interrogazione al Ministro della Sanità*, Camera dei Deputati, 19 settembre 1984, 17009-17010.

che quale seguito avesse il prodotto dell'aborto.[161] Purtroppo non si trovano risultati di una qualche risposta. È così che il 13 novembre il ministro della sanità Degan insediò una commissione di studio sul presunto uso di feti umani per cosmetici,[162] anche di questa non si trova nessuna traccia.[163]

d. Cure miracolose

Quando la medicina ufficiale getta la spugna, vengono offerte a caro prezzo "scialuppe di salvataggio" a pazienti ormai senza speranza: cliniche sparse nel mondo offrono miracolose speranze dai loro siti internet. Il giro d'affari è enorme per trafficanti senza scrupoli nel prelevare feti da un lato ed offrire a caro prezzo pseudo terapie senza nessun controllo né validazione scientifica.[164]

Un caso che esce dalla clandestinità è rappresentato dall'azienda Neocutis che ammette l'uso di tessuto proveniente da un feto abortito volontariamente per la produzione di bende biologiche riparative.[165]

e. Talismani

Nel maggio 2012 un taiwanese con passaporto britannico venne arrestato a Bangkok con 6 feti umani seccati e dorati, tatuati e ornati da effige religiose, trafficati per rituali di magia nera. Dichiarò di averli acquistati su internet per quasi 4.000 sterline e che ne avrebbe ricavato ben sei volte tanto. L'adorazione dei feti, chiamati "Kuman Thong" (bambino d'oro), è una pratica buddista-animista descritta in antichi manoscritti tailandesi e praticata ancora oggi in alcune comunità

---

[161] Cf. «Scattate le indagini sul traffico di feti», *Corriere della Sera*, 7 ottobre 1984, 7.

[162] Cf. A. BARTOLINI, «Istituita commissione per indagare sull'uso di feti umani in campo cosmetico», *Corriere della Sera*, 16 novembre 1984, 7.

[163] Per una disanima su tutta la vicenda cf. C. FIORE, *Il traffico dei feti abortiti*, Elle di ci, Torino 1985.

[164] Cf. A. NICASTRO, «Affari, cliniche, promesse (di cure). Le rotte delle cellule embrionali», *Corriere della Sera*, 20 maggio 2007, 18–19.

[165] Cf. *Neocutis*, in http://www.neocutis.com/corporate/ethical_commitment [23-4-2016].

cinesi: si ritiene portino fortuna ai proprietari e spesso sono custoditi in santuari all'interno di case o aziende.[166]

La polizia ha rilevato che il loro grado di sviluppo variava dai 2 agli 8 mesi. Gli 8 mesi scandalizzano mentre i 2 mesi stupiscono per l'interesse a tanta precocità della vita umana. Facile acquistarne su internet per alcune centinaia di euro.

f. Cannibalismo: un cibo ricercato e prelibato

Del cannibalismo si è sempre parlato come di una qualcosa di riservato a piccole e isolate tribù o in seguito a carestie estreme per catastrofici eventi,[167] rare patologie psichiatriche oppure nella fantascienza;[168] ne parla anche la Bibbia come conseguenza estrema dell'opporsi a Dio.[169]

Recentemente pare, invece, che se ne stia riscoprendo l'uso nei confronti di embrioni e feti abortiti. Periodicamente, negli ultimi anni,[170] è uscita la notizia che in Cina si consumino feti umani come alimento prelibato o per garantirsi un corpo più forte e bello. Tali notizie sono state smentite e a più riprese e si è tentato di

---

[166] Cf. I. MacKinnon, *Briton arrested with roasted human foetuses for use in black magic ritual*, 2012, in http://www.telegraph.co.uk/news/worldnews/asia/thailand/9274106/Briton-arrested-with-roasted-human-foetuses-for-use-in-black-magic-ritual.html [28-12-2015].

[167] Nel 1972, in seguito ad un disastro aereo su un ghiacciaio delle Ande, i superstiti si cibarono dei compagni di viaggio deceduti nell'impossibilità di alimentarsi diversamente.

[168] Un film di fantascienza del 1973, Soylent Green, parlava proprio di alimenti ottenuti da parti del corpo umano (cf. *Cellule di embrioni abortiti impiegate negli alimenti*, 2016, in http://www.informarexresistere.fr/2016/02/17/cellule-di-embrioni-abortiti-impiegate-negli-alimenti/ [28-3-2016]).

[169] «Mangerete perfino la carne dei vostri figli» (Lv 26,29).

[170] Cf. Y. Sharma – G. Hutchings, *Chinese Trade in Human Foetuses for Consumption is Uncovered*, 1995, in http://www.tibet.ca/en/library/wtn/archive/old?y=1995&m=4&p=14-2_1 [1-8-2017].

classificarle come bufale,[171] mentre altri le documentano, considerandole attendibili.[172]

Innegabile che l'artista cinese Zhu Yu abbia presentato alcuni scatti in cui si mostra mentre mangia un feto. Si trattava di fotografie candidate per la mostra Fuck Off, tenutasi a Shangai nel novembre del 2000: inizialmente censurate ne furono poi pubblicate alcune nel catalogo. Secondo alcuni si tratterebbe di un fotomontaggio, ma l'autore stesso dichiara di aver ottenuto da un ospedale il feto abortito a sei mesi, di averlo cucinato e assaggiato per poi vomitarlo.[173]

g. Come additivi negli alimenti

C'è chi sostiene che i colossi Kraft Foods, Pepsi Corporation (PepsiCo) e Nestlé stiano creando una nuova ondata di prodotti utilizzando cellule provenienti da feti abortiti forniti da Senomyx e StemExpress per la sperimentazione e la ricerca di aromi artificiali.[174] Si trovano in rete liste di prodotti che conterrebbero cellule di feti abortiti[175] utilizzate per produrre, risaltarne o testarne i sapori.[176]

h. Per test di tossicità

È ormai prassi che embrioni prodotti in vitro vengano utilizzati per verificare la tossicità di sostanze chimiche e farmaci. In Italia vengono utilizzati em-

---

[171] Cf. CARMINE, *Negozi di feti morti in Cina / Thailandia etc. usati come cibo*, 2008, TheTotalSite.it, in https://www.thetotalsite.it/a/negozi-di-feti-morti-in-cina-thailandia/ [1-8-2017].

[172] Cf. E. BELLO, *Speciale Cannibalismo: "Quel cinese ha mangiato un bambino!"*, 2016, in https://ramingoblog.com/2016/06/08/speciale-cannibalismo-quel-cinese-ha-mangiato-un-bambino/ [1-8-2017].

[173] Cf. *Ibid.*

[174] Cf. *Cellule di embrioni abortiti impiegate negli alimenti.*

[175] Cf. *Sickening: Major food corporations use tissue from aborted babies to manufacture flavor additives in processed foods*, 2015, in http://www.naturalnews.com/049367_aborted_babies_flavor_chemicals_food_corporations.html#ixzz46dmTP7Ut [6-4-2017].

[176] Senomyx ha ammesso l'uso di cellule renali di feto abortito HEK 293 per testare i sapori ma non come additivo (cf. K. BUHLER, *Fetal cells are ingredients in food and drinks-fiction!*, in https://www.truthorfiction.com/fetal-cells-are-ingredients-in-food-and-drinks/ [10-8-2017].

brioni animali,[177] ma in Europa ci si sta orientando sull'utilizzo di embrioni umani, certo più rispondenti alla richiesta di risultati più rapidamente applicabili all'uomo[178] e più facilmente disponibili.

i. Per produrre vaccini

Più noto è l'uso di tessuti embrionali per la produzione di alcuni vaccini: hanno questa provenienza alcuni dei vaccini commercializzati contro morbillo, parotite, poliomelite, rabbia, rosolia, vaiolo e varicella.[179] Va precisato che per tali prodotti «oggi non è più necessario ricavare cellule da nuovi aborti volontari».[180]

---

[177] Cf. *Test di tossicità*, 2014, in http://www.avantea.it/servizi/servizi-biomedici/test-di-tossicita.html [1-8-2017].

[178] *Vietato l'uso degli animali, su cosa si farà la sperimentazione scientifica? Ovvio, sugli embrioni umani*, 2013, in http://www.tempi.it/vivisezione-legge-ricerca-sperimentazione-animali-embrione-umano-garattini [1-8-2017].

[179] Cf. Pontificia Accademia per la Vita, *Riflessioni morali circa i vaccini preparati a partire da cellule provenienti da feti umani abortiti*, 2005, in http://www.academiavita.org/_pdf/documents/pav/vaccines_prepared_from_aborted_human_foetuses.pdf [6-4-2017].

[180] Pontificia Accademia per la Vita – Ufficio per la pastorale della salute (CEI) – Associazione Medici Cattolici Italiani, *Alcune precisazioni di carattere medico e scientifico*, in www.accademiavita.org/_articles/324195660-vaccini_nota_amci_pav_cei.php [3-9-2017].

CAPITOLO III – L'OPZIONE DELLA SEPOLTURA

Dopo aver descritto le diverse opzioni a cui può andare incontro, più o meno legalmente, la salma di un embrione o feto umano, alla luce della legislazione in materia entriamo ora più nel dettaglio della possibilità di seppellirli: ci soffermeremo prima sulle norme locali e poi sul ruolo di alcune associazioni.

Nonostante la norma italiana indichi la sepoltura come scelta di elezione senza limiti di età gestazionale, come un diritto dei genitori se la richiedono e come raccomandata in tutti gli altri casi, abbiamo anche visto come, nella realtà, avvenga una gestione che riserva un'attenzione e cura tanto inferiori quanto più precoce sia il momento a cui è sopraggiunta la morte. In particolare al di sotto delle 20 settimane di gravidanza, dove quasi sempre i resti mortali sono assimilati ai rifiuti sanitari ed è difficile e scoraggiata la richiesta dei genitori.

Come già abbiamo documentato per embrioni e feti umani deceduti al di sotto delle 20 settimane di gestazione il seppellimento è facoltativo, obbligatorio dalle 20 alle 28. I parenti o chi per essi hanno il diritto di poterlo chiedere entro le 24 ore dall'espulsione,[181] in mancanza di tale richiesta sarà cura dell'ospedale occuparsene senza più alcun dovere verso i genitori: si tratta di un tempo strettissimo per una pratica poco conosciuta. Sono, infatti, pochissimi i genitori al corrente di questo loro diritto. Quando lo chiedono, normalmente al reparto di ostetricia e ginecologia in cui le madri si trovano ricoverate, il più delle volte neppure i sanitari ne sono a conoscenza e/o ne scoraggiano la richiesta, arrivando spessissimo a rifiutarla.

---

[181] Cf. Art. 7, comma 4, D.P.R. 285/90.

In seguito a ripetute sollecitazioni, alcuni ospedali si stanno adeguando informando la madre del diritto a richiedere il seppellimento, raccogliendo in anticipo le sue intenzioni.

Vedremo ora come alcune realtà locali, pubbliche e private, abbiano intrapreso un percorso di maggior rispetto e attenzione verso la salma del feto e soprattutto verso i genitori: adeguata informazione dei genitori per una reale libertà di scelta, formazione degli operatori, protocolli operativi, supporto materiale e spirituale, delega esplicita o implicita, punti di riferimento.

Esamineremo prima alcune eccellenze regionali e locali di attuazione espansiva della normativa nazionale, poi il ruolo delle associazioni pro-life e/o che si occupano di lutto prenatale.

1. Norme regionali

In attuazione della normativa italiana le regioni si sono dotate di regolamenti di polizia mortuaria recependo quella nazionale con alcune sottolineature: vediamo di seguito alcuni casi in cui il regolamento è stato esplicitato e meglio definito riguardo alla sepoltura dei feti.

Anche i Comuni hanno emesso a loro volta regolamenti attuativi, in genere, per quanto ci riguarda, limitandosi a definire aree specifiche all'interno dei cimiteri esistenti.

a. Emilia Romagna

Si comprende bene la situazione normativa riguardo alla gestione dei resti di embrioni e feti morti prima di nascere esaminando le linee guida per la gestione dei rifiuti sanitari emesse dalla Regione Emilia Romagna nel 2009.[182] Tale norma

---

[182] Fra la bibliografia presa in esame per questa tesi è certo il testo che tratta l'argomento nel modo più ampio ed esauriente (cf. GIUNTA DELLA REGIONE EMILIA ROMAGNA, Delibera n. 1155 del 27 luglio 2009, *Linee guida per la gestione dei rifiuti e degli scarichi idrici nelle Aziende Sanitarie dell'Emilia Romagna*, 214-228).

è in sostituzione di quella del 2006 in cui non si faceva alcuna menzione dei non nati:[183] ne facciamo qui solo alcune note poiché di molti altri aspetti si parla in altre parti di questo lavoro. Di particolare interesse è l'esplicitazione del diritto dei genitori sulla possibilità di occuparsi personalmente della destinazione dei resti mortali del loro figlio, anche per i prodotti del concepimento al di sotto delle 20 settimane. Si evidenzia che tale facoltà è della famiglia (non solo dei genitori) che può chiedere di occuparsene personalmente, specificando che gli oneri saranno in questo caso a totale suo carico.[184] Si può chiedere la consegna dei prodotti del concepimento ai fini della sepoltura specificando la possibilità di scegliere tra inumazione, tumulazione e cremazione;[185] si propone sia l'ostetrica ad informarne «i genitori o chi per essi».[186] Inconsueto che la norma rilevi la frequenza con cui tale richiesta avviene precisando che "di solito" è l'azienda a farsi carico dei prodotti del concepimento, sottolineando che possono essere trattati come rifiuti pericolosi a rischio infettivo, ma di fatto non escludendo altre possibilità, aspetto molto importante per questo nostro lavoro di ricerca. Nel caso invece dei prodotti abortivi il "di solito" fa riferimento all'occuparsene della famiglia e solo in seconda istanza della struttura sanitaria.

Di grande importanza il fatto che in tale regolamento si precisi come i prodotti abortivi, i feti e i prodotti del concepimento pur essendo «oggetti di cui il produttore intende disfarsi»,[187] non siano "rifiuti"[188] anche se poi spesso ad essi vengono omologati.

---

[183] Cf. GIUNTA DELLA REGIONE EMILIA ROMAGNA, Delibera n. 1360 del 9 ottobre 2006, *Linee guida regionali per la gestione dei rifiuti prodotti nelle Aziende Sanitarie dell'Emilia-Romagna*.
[184] È possibile comunque invocare la richiesta di aiuto economico al comune per chi è impossibilitato a farsene carico in quanto indigente.
[185] Importante questa precisazione che non trova tutti concordi visto che il D.P.R. 285/90 esplicita la sola sepoltura.
[186] GIUNTA DELLA REGIONE EMILIA ROMAGNA, *Linee guida*, 2009, 221.
[187] *Ibid.*, 58.
[188] Cf. D.Lgs. n. 152/2006.

b. Lombardia

Risale al 2007 l'approvazione unanime del Consiglio regionale lombardo di una Legge Regionale per introdurre nel proprio Regolamento di polizia mortuaria l'obbligo di seppellire i feti abortiti anche al di sotto delle 20 settimane di gravidanza, assimilandoli alle parti anatomiche riconoscibili.[189] Lo fece introducendo l'obbligo, da parte della Direzione Sanitaria, di informare i genitori del loro diritto di richiedere la sepoltura: in mancanza di tale richiesta da parte dei genitori resta in capo alla struttura sanitaria la facoltà di provvedere «in analogia a quanto disposto per le parti anatomiche riconoscibili»,[190] scegliendo, in genere, quella più economica[191] fra inumazione, tumulazione e cremazione.[192] Di fatto in questo modo viene ad essere superato il termine delle 20 settimane di gestazione. Così tutti gli embrioni e feti, anche al di sotto delle 20 settimane, devono essere portati al cimitero, anche in assenza della richiesta dei genitori. Degna di nota l'estensione a 48 ore del tempo a disposizione dei genitori per richiederne la sepoltura,[193] ritenuto insufficiente quello nazionale di 24 ore.

c. Campania

È del 2012 la delibera con cui la Giunta della Regione Campania invita ad una puntuale informazione sul diritto di poter richiedere il seppellimento anche al di sotto delle 20 settimane di gestazione.[194] Interessante il richiamo al pronunciamento del Comitato Nazionale di Bioetica del 1996 in cui si riconosce «unanimemente il dovere morale di trattare l'embrione umano, sin dalla fecondazione, secondo i criteri di rispetto e tutela che si devono adottare nei confronti degli indivi-

---

[189] Cf. Art. 1, REGIONE LOMBARDIA, *Modifiche al Regolamento Regionale 9 novembre 2004, n. 6 Regolamento in materia di attività funebri e cimiteriali*, del 6 febbraio 2007.
[190] *Ibid.*
[191] Cf. D. FOGLI, «Quesiti e lettere», *I Servizi Funerari*, 3 (2013), 10.
[192] Qui ritenute tutte legalmente possibili a dispetto di chi sostiene si possa praticare solo l'inumazione (cf. G. GARANCINI, *Parere sulla sepoltura dei feti*, 10).
[193] Cf. Art. 3, comma 4, D.P.R. 254/03.
[194] Cf. REGIONE CAMPANIA, Delibera n. 108 del 20 marzo 2012, *Linee di indirizzo sulla sepoltura dei prodotti del concepimento*.

dui umani».[195] Tale premessa porta al dovere di sostenere la sepoltura dei prodotti del concepimento e dei feti anche al di sotto delle 20 settimane informandone i genitori prima di ogni interruzione di gravidanza: una informazione che, si afferma, «rende qualsiasi decisione più rispettosa della dignità della persona, oltre che meno traumatica qualora l'informazione è fornita con idonee modalità relazionali».[196]

d. Marche

Già nel 2005 la Regione Marche approvava una legge la quale esplicitava che «Il comune è tenuto a garantire la sepoltura [...] ai nati morti e prodotti del concepimento, il cui parto o aborto sia avvenuto in struttura sanitaria sita nel territorio comunale»,[197] recependo quindi, in modo più stringente, la normativa nazionale che così recita: «Nei cimiteri devono essere ricevuti quando non venga richiesta altra destinazione [...] i nati morti e i prodotti del concepimento».[198]

Nello stesso elenco, la Regione Marche, parafrasando il D.P.R. nazionale, destina al seppellimento «ossa, resti mortali, ceneri derivanti da cadaveri di cui alle lettere a), b), c), e d)».[199] Presta così attenzione non solo «ai nati morti e prodotti del concepimento»,[200] che in questo modo definisce "cadaveri", ma anche alle «ceneri derivanti»[201] dall'eventuale cremazione o incenerimento: in questo modo estende la definizione di cadavere ai prodotti del concepimento decretandone la sepoltura anche allo stato di resti mortali e perfino di ceneri. In definitiva, la Regione Marche incarica i comuni di garantire in ogni caso la sepoltura, indipenden-

---

[195] COMITATO NAZIONALE DI BIOETICA, *Identità e statuto dell'embrione umano*, 1996.
[196] REGIONE CAMPANIA, *Linee di indirizzo*.
[197] REGIONE MARCHE, art. 9, comma 1, lett. c, Legge Regionale n. 3 del 1 febbraio 2005, *Norme in materia di attività e servizi necroscopici funebri e cimiteriali*.
[198] Art. 50, comma 1, D.P.R. 285/90.
[199] Art. 9, comma 1, lett. e, L.R. Marche 3/2005.
[200] *Ivi*. Lett. c.
[201] *Ivi*. Lett. e.

temente dall'epoca gestazionale, regolandone anche le distanze tra le fosse.[202] Si tratta, tuttavia, di una disposizione che non risulta così attuata.

L'ultimo provvedimento legislativo in favore del seppellimento dei concepiti è avvenuto alla fine del 2015 da parte della Regione Marche.[203] Si è trattato del felice epilogo della triste vicenda di una donna marchigiana che, pur con qualche difficoltà, era riuscita ad ottenere la sepoltura del proprio figlio deceduto a 25 settimane di gestazione.[204] Venendone a conoscenza su iniziativa dell'interessata, il Centro di aiuto alla vita di Loreto e la Comunità Papa Giovanni XXIII[205] se ne occuparono, coinvolgendo la pastorale famigliare regionale e cogliendo l'interessamento del vescovo di Ancona, il card. Edoardo Menichelli. Dalla vicenda scaturì l'elaborazione di una proposta legislativa poi presentata dal consigliere regionale Luca Marconi.[206] L'interessamento proficuo e compatto di tutti gli schieramenti la portò all'approvazione unanime il 10 novembre 2015. In sostanza, il provvedimento chiede alle aziende e alle strutture sanitarie di predisporre opuscoli informativi sulla possibilità di richiedere la sepoltura del feto o del prodotto abortivo e

---

[202] «Non meno di 50 centimetri per ogni lato» (REGIONE MARCHE, art. 6, comma 8, Regolamento Regionale n. 3 del 9 febbraio 2009, *Attività funebri e cimiteriali ai sensi dell'articolo 11 della Legge Regionale n. 3 del 1 febbraio 2005*).

[203] Cf. REGIONE MARCHE, R.R. 7/2015.

[204] Cf. COMUNITÀ PAPA GIOVANNI XXIII, *Un diritto essere informati sulla sepoltura di un figlio morto durante la gravidanza*, 2015, in
http://www.apg23.org/it/news/la_vita_della_comunita/272-
un_diritto_essere_informati_sulla_sepoltura_di_un_figlio_morto_durante_la_gravidanza.
html [16-6-2016]; cf. R. MAZZOLI, «Marche, prima legge regionale grazie al coraggio di una madre», *Noi famiglia e vita,* 1/2016, 31.

[205] Ho partecipato personalmente e attivamente a tutte le fasi di questa vicenda in qualità di Animatore generale del Servizio Maternità e Vita della Comunità Papa Giovanni XXIII (cf. E. BAMBARA, *Il diritto di essere sepolto*, 2015, in
http://www.interris.it/2015/11/13/77909/posizione-in-primo-piano/schiaffog/il-diritto-di-essere-sepolto.html [30-8-2017]).

[206] Cf. L. MARCONI, Proposta di regolamento n.9/15, *Modifica al Regolamento Regionale 9 febbraio 2009, n. 3 "Attività funebri e cimiteriali ai sensi dell'articolo 11 della Legge Regionale 1° febbraio 2005, n. 3 del 4 febbraio 2015"*, in
http://www.consiglio.marche.it/banche_dati_e_documentazione/iter_degli_atti/pdr/pdf/pdr9_9.pdf [14-8-2017].

sulle disposizioni applicate in mancanza di tale richiesta: questi dovranno essere consegnati ai genitori al momento del ricovero presso la struttura sanitaria.[207] Altra novità è che sarà possibile iscrivere il nome sulla lapide, cosa che, come abbiamo visto, in molte realtà è precluso per l'assenza di analoga registrazione all'ufficio di stato civile. Per questo viene definito "nome di fantasia", consentendo ai genitori di scrivere ciò che desiderano, quindi tranquillamente il nome e il cognome con cui avrebbero registrato all'anagrafe il loro figlio una volta nato. Non di poco conto è il fatto che lo stesso nome verrà trascritto sul registro cimiteriale, corrispondendovi l'effettiva appartenenza anagrafica del prodotto del concepimento.[208]

2. Le associazioni

Sono numerose le realtà associative che sostengono la bontà della sepoltura dei feti. Alcune informandone i genitori con il fine di aiutarli ad elaborare il lutto, altre con un'azione diretta nel seguire ed organizzare tale atto con o senza i genitori. Ne citiamo solo alcune fra le più significative.

a. Ciao Lapo

Fondata nel 2006 da Claudia Ravaldi e Alfredo Vannacci in seguito alla morte del figlio Lapo alla 38° settimana di gravidanza, l'Associazione Ciao Lapo sostiene coppie genitoriali in lutto prenatale, fornendo assistenza psicologica e psico-sociale. Inoltre, incoraggia le strutture ospedaliere a mettere in atto percorsi di sostegno adeguati alle famiglie dal momento in cui ricevono la brutta notizia e sostiene l'utilità della sepoltura per l'elaborazione del lutto. La coppia fondatrice incoraggia la costruzione di Giardini degli angeli e promuove numerosi eventi laici durante il mese di ottobre per il *"Pregnancy and infant loss awareness*

---

[207] Cf. REGIONE MARCHE, art. 1, comma 1, R.R. 7/2015.
[208] Cf. *Ivi.* Comma 2.

month"[209] e soprattutto per la celebrazione del "*Babyloss awareness day*", il 15 ottobre di ogni anno.[210] Un aspetto interessante sta nel tenere insieme morte prenatale e perinatale. Una modalità che abbatte in un sol colpo i muri ideologici.

b.Comunione e Liberazione

Certo fra i primi a muoversi, appena pubblicata Donum Vitae nel 1987, CL chiedeva ed otteneva dall'Usl Rm-21 la tumulazione in cimitero dei feti con meno di quattro mesi.[211] Tale sensibilità è proseguita nei suoi aderenti soprattutto in Lombardia. In particolare, da parte del presidente della Regione Roberto Formigoni che ha promosso e ottenuto l'approvazione della legge regionale di cui sopra.

c. Comunità Papa Giovanni XXIII

Si tratta di una associazione internazionale di fedeli di diritto pontificio fondata nel 1968 dal servo di Dio don Oreste Benzi. Essa ha come specifico quello di condividere la vita con gli ultimi affinché nessuno sia lasciato solo nella sofferenza, insieme a quello di rimuovere le cause che producono emarginazione.[212] Per questo, l'associazione si rende vicina anche ai bambini non ancora nati e ai loro genitori, supportandoli in caso di aborto spontaneo e sostenendoli in ogni modo nel loro desiderio di dare degna sepoltura alle spoglia del proprio figlio. Essa riceve da ogni parte d'Italia richieste di aiuto attraverso il numero verde 800 035 036. Ogni problema viene risolto fornendo adeguata consulenza, vicinanza e supporto morale; inoltre, è parte attiva di un percorso specifico in collaborazione l'ospedale di Cesena: è qui che provvede mensilmente alla sepoltura dei feti abortiti su delega dei genitori. Nell'ultimo capitolo ne sarà meglio descritto il lavoro in merito.

---

[209] Mese della consapevolezza sulla morte infantile e sulla perdita in gravidanza.

[210] Giornata nazionale della consapevolezza sulla morte perinatale.

[211] Cf. «Civitavecchia: Si polemizza sulla sepoltura dei feti», *Corriere della Sera*, 11 novembre 1987, 31.

[212] Cf. *La Comunità Papa Giovanni XXIII*, in
http://www.apg23.org/it/la_comunita_papa_giovanni_xxiii/ [9-8-2017].

d. Difendere la Vita con Maria

Fondata nel 1995[213] da don Maurizio Gagliardini, di cui è tutt'ora presidente, è di certo la più impegnata in Italia riguardo alla sepoltura dei feti. Essa si adopera sia per fondare la sepoltura a livello teologico, pastorale e scientifico che per diffonderla e concretizzarla. Advm ha all'attivo numerosi convegni e altrettante pubblicazioni. Recentemente ha dato avvio al servizio di ascolto "Fede e terapia" rivolto ai genitori feriti dall'aborto con l'attivazione del numero verde 800 969 878.[214] Grazie a decine di convenzioni con gli ospedali di tutta la penisola, l'associazione ha ottenuto di poter seppellire mensilmente tutti gli embrioni e feti umani non richiesti dai genitori abortiti spontaneamente o volontariamente.

e. Movimento per la vita

Pur non essendoci un impegno esplicito del movimento nazionale, alcune sezioni locali del Mpv si sono attivate per la sepoltura dei feti. In particolare a Monopoli, dove il movimento locale si attiva su esplicita indicazione della gestante, consultata durante il consenso informato, rilevato dall'ospedale prima dell'espulsione.

f. La quercia millenaria

Ha come scopo quello di accompagnare i genitori che ricevono una diagnosi prenatale infausta. Questo avviene durante la gravidanza favorendo un clima accogliente. Prosegue durante e dopo la nascita che spesso coincide con la morte del figlio. Per questo sostiene in modo convinto l'importanza della sepoltura.[215]

---

[213] Cf. E. VINAI, «Bambini non nati, la sepoltura che "guarisce" le mamme», *Noi famiglia e vita,* 1/2016, 31–32.
[214] Cf. DIFENDERE LA VITA CON MARIA (ed.), *Fede e terapia*, Cantagalli, Siena 2016.
[215] Cf. *La quercia millenaria*, www.laquerciamillenaria.org [7-9-2017].

g. Movimento per la vita aquilano dell'Armata bianca

Padre Andrea d'Ascanio O.F.M. Capp., si interessa del seppellimento dei feti abortiti dal 1986 con l'Armata Bianca, da lui fondata e diretta. Nel 1989 avveniva la prima sepoltura nel cimitero de L'Aquila e il 28 dicembre 1991 l'inaugurazione di un contestato monumento a "Maria madre dei bimbi non nati". Nel 1996 iniziarono i problemi con la giustizia, sia ecclesiastica che civile, anticipati dalla profanazione del monumento su cui venne scritto «Armata bianca vi distruggeremo!».[216] Ad oggi il movimento risulta attivo, curando la sepoltura mensile presso l'ospedale di Taranto.

h. Pensiero Celeste

Fondata da Andrea Napoli in seguito alla morte della figlia Celeste a 27 settimane di gravidanza, l'associazione assiste le famiglie vittime di natimortalità. Si propone di ottenere la registrazione all'anagrafe dei feti nati morti al di sotto delle 28 settimane di gestazione.[217]

---

[216] *Armata Bianca vi distruggeremo!*, in http://www.armatabianca.org/it-IT/vita/55-armata-bianca-vi-distruggeremo [10-8-2017].
[217] Cf. *Pensiero celeste*, www.pensieroceleste.it [14-8-2017].

Capitolo IV - PRO E CONTRO IL SEPPELLIMENTO

Il dibattito relativo alle questioni di cui stiamo discutendo è piuttosto spento, ma si riaccende episodicamente con toni talvolta violenti, in occasione di provvedimenti pubblici in merito alla diffusione della pratica della sepoltura. Nella sfera delle questioni bioetiche esso ha peculiarità specifiche che meritano di essere esaminate. Nell'attuale disputa sui temi bioetici sono tendenzialmente i *pro-choice* a dominare la scena pubblica con continue proposte di ampliamento dei cosiddetti diritti di autodeterminazione, sessuali e riproduttivi, promuovendo l'abrogazione della Legge 40/2004 per liberalizzare le pratiche di fecondazione artificiale e di sperimentazione sugli embrioni umani, la limitazione dell'obiezione di coscienza all'aborto per una piena attuazione della legge 194/1978, il libero accesso alla contraccezione di emergenza, i matrimoni e le adozioni per coppie omosessuali, il testamento biologico e infine il suicidio assistito e l'eutanasia. A queste istanze i *pro-life* cercano di far fronte frenando l'approvazione di norme in merito, ma raramente con la forza necessaria ad ottenere l'approvazione di nuove proposte.

Riguardo al tema del seppellimento, invece, i fronti non sono compatti. Il fronte pro sepoltura non è costituito solo, né prevalentemente, dai *pro-life*. Interessante è che questi, da oppositivi, si facciano propositivi e innovatori, ricevendo in risposta accese critiche da una parte dei *pro-choice*. Degno di nota è il fatto che sul tema questi ultimi non siano compatti e che spesso si combattano a vicenda, cambiando nel tempo la loro posizione o schierandosi dalla parte dei *pro-life*.

Possiamo individuare almeno sei fronti:

- i disinteressati, i quali rappresentano la gran parte delle persone, compresa la maggior parte di coloro che si occupano di bioetica;

- alcune associazioni, in prevalenza *pro-life*, cattoliche e non;

- i genitori, componente fondamentale di tutta la questione, senza di essi sarebbe facile cadere in uno scontro ideologico; la loro sensibilità è in rapida crescita e stanno gradualmente uscendo dal silenzio che li ha caratterizzati fino ad oggi;

- la Chiesa che, pur essendosi chiaramente espressa in DV e DP, risulta ancora piuttosto tiepida;

- gli operatori sanitari che, nonostante sia possibile trovare fra loro soggetti sensibili al tema, tendenzialmente ignorano il problema e spesso anche la legislazione vigente, fingendo quasi non esista (in particolare in merito ai "prodotti del concepimento"), per poi svegliarsi a richiesta degli interessati qualora supportati da una associazione;

- le istituzioni, le quali tendono ad attuare la norma nazionale con una certa propensione ad espanderla;

- *i pro-choice* che, formati da solo una parte di sinistra, sindacati, femministe e radicali, temono venga messa in discussione la libertà di abortire. In generale, essi sono favorevoli al seppellimento se per libera scelta della donna, ma talvolta assumono toni offensivi anche verso di esse.

Riguardo alla legislazione vigente non ci sono critiche, in quanto quella nazionale è sostanzialmente accettata da tutti. Gli scontri si concentrano, invece, sugli ampliamenti e sulle attuazioni locali nei casi in cui sia previsto il seppellimento di tutti i prodotti del concepimento e, talvolta, anche quando viene previsto come opzione nel consenso informato. In merito a questi argomenti si potrebbe realizzare un'intera tesi di laurea, mi limiterò quindi ad analizzare solo alcuni degli aspetti appena elencati.

1. Ragioni contro

Vediamo ora le ragioni addotte da coloro che hanno contestato la diffusione del gesto della sepoltura; analizzeremo poi qualche occasione in cui non vi è stato un pubblico scontro.

Il dibattito più acceso avvenuto in Italia, si è verificato in seguito alla scelta del Comune di Firenze di ufficializzare uno spazio, già adibito alla sepoltura dei bambini non nati fin dal 1996, nel campo di Trespiano, dove era già presente un'area con oltre mille tombe di bambini non nati:[218] di fatto, si trattava di un semplice recepimento attuativo della normativa italiana. La questione ebbe rilevanza nazionale, di certo anche per via della concomitanza col fatto che Matteo Renzi, sindaco della città, si era appena candidato alle primarie del Partito Democratico.

Dura fu, infatti, l'opposizione alla giunta Renzi da parte di chi giudicava questa proposta in contrasto con la legge 194/78,[219] definendola come «un atto che va a colpevolizzare le donne che decidono di interrompere la gravidanza»,[220] una «crociata del comune»,[221] «una scelta profondamente sbagliata dettata da ragioni maschiliste».[222] L'apice dello scontro si consumò in seguito all'intervento di Lidia Ravera[223] che sul suo blog definì i non nati "grumi di materia" e questa «una delle tappe simboliche più subdole ed efficaci della battaglia per la trasformazione della legge 194 in carta straccia».[224] Le sue affermazioni scatenarono reazioni così forti da invocarne le dimissioni e convincerla a presentare le sue scuse.[225]

Il passo più avanzato, come abbiamo già visto, fu certamente quello della Regione Lombardia nel 2007, mentre ne era presidente Formigoni. La nuova disposizione provvide a parificare il trattamento dei prodotti del concepimento non

---

[218] Cf. *Avvenire*, del 31 ottobre 2013, 3.
[219] Consigliera Ornella Zordo (cf. *Ivi*).
[220] Consigliere Tommaso Grassi di Sel (cf. *Ivi*).
[221] Cecilia Taranto e Concetta Basile, segretarie nazionali Fp Cgil (cf. *Ivi*).
[222] G. CIVATI, *Ancora sulla questione maschile*, 2013, in http://www.ciwati.it/2013/10/29/ancora-sulla-questione-maschile/ [18-7-2017].
[223] Scrittrice e assessore alla cultura e alle politiche giovanili della Regione Lazio.
[224] L. RAVERA, *Renzi approva il cimitero dei non nati, un calcio alla 194*, 4 novembre 2013, in http://www.huffingtonpost.it/lidia-ravera/renzi-approva-il-cimitero-dei-non-nati-un-calcio-alla-194_b_4211225.html [16-7-2017].
[225] Cf. L. RAVERA, *I cimiteri dei non nati sono una faccenda politica*, 11 novembre 2013, in http://www.huffingtonpost.it/lidia-ravera/difendo-il-diritto-di-esprimere-la-mia-opinione_b_4253275.html [18-7-2017].

richiesti dai genitori a quello delle parti anatomiche riconoscibili. Ne seguì un forte dibattito e un esposto,[226] poi archiviato.

Per capire le ragioni di chi contrasta l'attività di coloro che si spendono per la sepoltura dei feti abortiti, vale la pena di soffermarsi anche su quanto accaduto a Roma. Infatti, il 4 gennaio 2012 è stato inaugurato "Il giardino degli angeli", un'apposita area per la sepoltura dei feti abortiti all'interno del cimitero Laurentino, creata di fronte alla zona in cui già si seppellivano insieme ai bambini, ora creata per separarli dagli stessi.[227] Il vicesindaco Sveva Belviso, a nome del Comune, specificò che sarebbero stati lì sepolti i «feti frutto di aborti spontanei o terapeutici».[228] Questa espressione scatenò numerose reazioni di indignazione, tutte frutto di un equivoco nell'interpretazione di tale espressione. In tanti, infatti, ritennero che ne sarebbero stati esclusi i feti abortiti volontariamente, con palese discriminazione delle loro madri. La vicenda è particolarmente interessante in quanto, per la prima volta, lo scandalo evidenziato dai *pro-choice* non è più nel fatto che si seppelliscano feti umani senza il consenso dei genitori, ma nella presunzione che questo non avvenga, paventandone una grave discriminazione.[229] Molto esplicativo Silvio Viale, ginecologo e presidente dei radicali italiani, nello scrivere ai suoi colleghi di partito al fine di stemperarne la focosa indignazione:

> *Ma quali sarebbero i feti non "frutto di aborti spontanei o terapeutici"? Non ci sono. Questo è un esempio della disinformazione e della confusione che c'è anche in casa radicale, quando si fanno le pulci alle parole e non si bada al merito. Per aborti "terapeutici" si intendono gli aborti volontari del secondo trimestre, dopo il 90° giorno, comunemente definiti ITG (interruzione terapeutica di gra-*

---

[226] Cf. S. VIALE - V. FEDERICO, *Esposto alla procura della repubblica presso il tribunale di Milano*, 2007, http://www.webalice.it/carlamarchisio/Sepolturafeti.doc [14-8-2017].
[227] Va precisato che il luogo è destinato ai feti abortiti naturalmente e volontariamente dopo le 20 settimane di gestazione e a quelli più precoci su richiesta dei genitori.
[228] Cf. *Inaugurato il cimitero dei feti. Santori: Un inno alla vita*, 4 gennaio 2012, in http://roma.repubblica.it/cronaca/2012/01/04/news/bimbi-27589429/ [14-4-2017].
[229] Cf. A. D'ORSI, *Cimitero dei feti, l'ultima macabra follia dei paladini della vita*, 2012, in http://blog-micromega.blogautore.espresso.repubblica.it/?p=2158 [14-4-2017].

> *vidanza), per cui con aborti spontanei e terapeutici si intendono tutti.*[230]

Molto eloquente è il risultato di una petizione lanciata in rete a firma di "Cittadini a sostegno della legge 194" che a distanza di cinque anni ha raccolto appena 60 firme.[231] In realtà gli animi si erano accesi già nel 1987, come reazione alla prima istanza pro-sepoltura feti:

> *In questo modo si violano le norme sulla tumulazione e si criminalizza l'interruzione di gravidanza come omicidio [...] l'aborto è già di per sé una scelta difficile, sempre obbligata e sofferta e nessun amministratore ha il diritto di rendere tale scelta ancora più penosa.*[232]

Di analogo tenore le critiche di coloro che ritengono scorretto seppellire e benedire le salme dei feti abortiti quando non richieste dai genitori. Si contesta in tal caso il non rispetto della libera volontà e delle convinzioni religiose dei genitori.[233]

Nessuna polemica, invece, per la nuova norma marchigiana dove, abbiamo visto, ci si limita a dare informazioni sulla possibilità di richiedere il seppellimento rendendola così una scelta esigibile. Di fatto è comunemente accettata la norma nazionale e gli strumenti per darne maggiore conoscenza. È quindi condiviso e sostenuto da tutti (ma troppo spesso solo a parole) che i genitori (in particolare la donna) abbiano il diritto di potersi occupare personalmente della sepoltura del figlio, anche se abortito prima delle 20 settimane di gestazione. «Se una donna vuo-

---

[230] S. VIALE, *Sepoltura feti: benedetta arroganza!*, 8 gennaio 2012, in https://groups.google.com/forum/#!topic/satyagraha-2009/13BE1lCSLrY [13-4-2017].

[231] Cf. *Firma questa petizione: Firmiamo per chiudere il cimitero della strumentalizzazione*, 2012, in https://firmiamo.it/firmiamo-per-chiudere-il-cimitero-della-strumentalizzazione [14-4-2017].

[232] «Civitavecchia: Si polemizza», *Corriere della Sera*.

[233] Cf. K. ZANOTTI, *Interrogazione a risposta immediata in commissione 5/02182*, 2003, in http://dati.camera.it/ocd/aic.rdf/aic5_02182_14 [22-12-2015].

le seppellire o fare il funerale all'embrione o al feto deve avere la libertà di farlo ».[234]

2. Risposta alle ragioni contro

Quello della commemorazione dei defunti è un aspetto che trova ancora profondamente unite società civile e Chiesa: i cimiteri sono luoghi religiosi e civili al contempo; la celebrazione dei funerali e la commemorazione dei defunti, con particolare riguardo ai caduti durante le guerre, sono certo il gesto religioso che più resiste nella nostra società dove, senza remore, partecipano regolarmente autorità civili e militari, credenti e non credenti insieme, senza alcun problema. Solo nel caso dei bambini morti prima di nascere si trova qualcuno disposto allo scontro.

L'esperienza che ho maturato personalmente, attraverso la Comunità Papa Giovanni XXIII, seguendo centinaia di genitori in lutto prenatale dal 1999 ad oggi, giunge alla conclusione che nessuna coppia (a parte rarissime eccezioni) è riuscita da sola ad ottenere la sepoltura della salma del proprio figlio se deceduto al di sotto delle 20 settimane. Tutte invece sono riuscite nel loro intento col nostro supporto. La rivista Oltre Magazine riporta che «la legge italiana prevede norme nazionali relative alla sepoltura dei bambini morti in utero che però spesso sono ignorate o erroneamente applicate in molti ospedali»:[235] questo evidenzia come, ad oggi, non sia rispettata la libera scelta dei genitori non rispettando il loro diritto all'autodeterminazione, così fortemente richiesto da chi si oppone anche solo al consenso informato che precede l'aborto.

---

[234] C. LALLI, A. *La verità vi prego sull'aborto,* Fandango Libri, Edizione del Kindle, posizioni nel Kindle 1984-1985.
[235] C. PEZZINO, «L'editoriale», *Oltre Magazine,* 6 (2009).

Emerge, a questo punto, la necessità di implementare l'informazione data ai genitori, mettendoli al corrente dei loro diritti e delle loro opportunità con precisione e attendendo la loro indicazione per almeno 24 ore dall'espulsione. Risultando scarsa la formazione degli operatori sanitari rispetto a questi temi, risulta altresì necessaria la cura della stessa, con conseguente adeguamento dei protocolli operativi. Infatti, ad oggi, al di sotto delle 20 settimane, non viene preservata la salma in modo distinto per le 24 ore previste dalla legge. Solo instaurando tale prassi sarebbe possibile poter garantire la libera autodeterminazione dei genitori.

È indubbio che coloro che promuovono la sepoltura dei feti abortiti intendano con essa riconoscere un gesto di umanità verso un proprio simile e/o rendersi vicini all'esperienza di lutto vissuta dai rispettivi genitori. È implicito, quindi, il dispiacere per una vita umana che muore o viene soppressa al suo sorgere e il conseguente desiderio che questo non avvenga, che possa essere prevenuto in ogni modo, che non sia provocato volontariamente.

Ci sono gruppi molto gelosi della loro laicità e molto concentrati sull'elaborazione del lutto: questi precisano la loro non contrarietà a priori alla possibilità di abortire volontariamente. Essi si occupano prevalentemente di accompagnare chi ha subito un aborto spontaneo, talvolta escludendo esplicitamente chi ha abortito volontariamente. Altri sostengono fortemente l'identità del concepito e si battono per una sua tutela. Questi ultimi sono, quindi, contrari al riconoscimento legale dell'aborto volontario, soprattutto se visto come diritto: sono, per questo, più o meno esplicitamente contrari alla legge 194/78, anche impegnandosi per una sua riforma o abrogazione. Tale norma, infatti, col pretesto di eliminare l'aborto clandestino, ha di fatto liberalizzato l'aborto in Italia rendendolo legale semplicemente a richiesta nei primi 90 giorni di gestazione ed eventualmente possibile anche oltre.

Sono numerosi i pronunciamenti pubblici di operatori sanitari favorevoli al seppellimento, persino fra coloro che praticano le interruzioni volontarie di gravidanza e anche fra coloro che sostengono fortemente l'autodeterminazione della donna in campo politico e culturale.

È interessante narrare come Silvio Viale[236] abbia mutato posizione negli anni. Infatti, mentre veniva approvato il regolamento lombardo, egli lo contestava, arrivando a depositare un esposto.[237] Viale denunciava così la presunta violazione di ben sei articoli della legge 194/78 istituendo l'obbligo di informare i genitori sulla possibilità di chiedere la sepoltura del prodotto del concepimento in caso di aborto volontario, ritenendo che questo mettesse a rischio la salute psicofisica della donna.

Alcuni anni dopo, nell'ambito del forum di discussione interna già citato, mentre i colleghi radicali lo incoraggiavano a mobilitarsi contro, lui si schierò, invece, nettamente a favore del seppellimento mutando di fatto la propria posizione. Sosteneva di ricevere, più volte all'anno, richieste di sepoltura «da persone insospettabili, dopo un aborto volontario [...] più spesso dopo un aborto spontaneo».[238] Viale arrivò a lamentare che:

> per gli aborti sotto le 20 settimane vi sarebbe un obbligo di informare la donna della possibilità di chiedere il feto, ma viene generalmente omesso o celato in burocratese tra le righe dei consensi informati. È un problema delicato che entra in contrasto con un diritto assoluto a ricevere una informazione completa ed è condizionato dalla ignoranza degli operatori o dalle loro risposte alle domande, quando ci sono. Sia per gli aborti spontanei che volontari.[239]

Egli rivela che almeno una volta all'anno visita un cimitero dei feti ed incoraggia a fare altrettanto. Ritiene altresì che i cimiteri dei feti non abbiano mai condizionato le politiche sull'aborto. Sembra poi nuovamente contraddirsi sostenendo

---

[236] Ginecologo al S. Anna di Torino e presidente dei Radicali Italiani.
[237] Cf. S. VIALE - V. FEDERICO, *Esposto alla procura della repubblica*. Poi archiviato (cf. *Prima pronuncia dei magistrati sulla sepoltura dei feti prevista dal regolamento lombardo*, 2007, in http://www.funerali.org/cimiteri/prima-pronuncia-dei-magistrati-sulla-sepoltura-dei-feti-prevista-dal-regolamento-lombardo-255.html [7-1-2016]).
[238] S. VIALE, *Sepoltura feti: benedetta arroganza!*, 6 gennaio 2012.
[239] *Ivi*.

che lo smaltimento dei feti è il punto più debole, sia emotivamente che politicamente nel sostenere la 194.[240]

3. Ragioni pro

Dopo l'ampio esame effettuato nei capitoli precedenti, possiamo sintetizzare le ragioni a favore del seppellimento di embrioni e feti umani abortiti, indipendentemente dall'età gestazionale: chiarito che un corpo inanimato non è più persona, non può tuttavia essere assimilato semplicemente ad una cosa.

Per sepoltura di tutti gli embrioni e feti si intende, nella sua massima ampiezza, il rispetto del corpo appartenuto ad un essere umano, ad uno di noi, senza discriminazione alcuna relativamente alla lunghezza della vita di cui ha goduto, né al fatto che questa si sia svolta dentro o fuori dal ventre materno; né relativamente alla sua lunghezza o al suo peso o al fatto che alla nascita abbia manifestato o meno segni di vita o che si sia presentato sano o malato, abile o disabile, formato o non formato, integro o a pezzi, maturo o immaturo, con più o meno evidenti sembianze umane; né relativamente al fatto che sia stato desiderato o rifiutato, prodotto artificialmente o concepito naturalmente, indesiderato o fortemente voluto, frutto di una violenza o di un atto d'amore dei suoi genitori.

In generale, la disponibilità delle spoglie mortali è fortemente limitata dalla legislazione vigente. Infatti, pur essendo in vigore dettagliate norme di polizia mortuaria sia nazionali che locali, ha tuttavia notevole rilevanza e rispetto la volontà espressa in vita dal defunto. Questo sia circa il proprio trattamento in relazione al luogo, al rito e alla modalità di sepoltura, sia alla disponibilità dei suoi organi e del suo corpo ad essere donato o utilizzato per la ricerca scientifica. Ridotti margini di scelta restano in capo ai famigliari che ad esempio non possono disporre per la donazione dell'intero corpo alla ricerca. Tuttavia non tutto è concesso, la disponibilità non è totale: infatti, pur erose e in via di mutazione, sono in

---

[240] Cf. *Ivi.*

vigore precise regole e tutele riguardo al trattamento e alla custodia dei cadaveri umani. Insorgono spesso problemi quando a morire è uno straniero, soprattutto se questo si è comportato in modo delittuoso[241] o appartiene ad una etnia non gradita.[242]

Analogamente accade riguardo ai minori e per i non nati, pur con qualche sostanziale differenza. Per questo, dovrà essere particolarmente rilevante l'esplicitazione della libertà dei genitori di poter chiedere ed ottenere il diritto di occuparsi del destino delle spoglie mortali del proprio figlio morto prima di nascere, «Un gesto d'amore da parte dei genitori per il prodotto da concepimento».[243] Ciò potrà avvenire solo informandoli adeguatamente sulla possibilità di farlo a qualsiasi età gestazionale e col rito più rispondente al loro credo e alla loro sensibilità. Si ritiene necessaria la concessione di un tempo più prolungato per effettuare una scelta, tenendo conto, in primo luogo, del trauma che rappresenta la morte di un figlio, benché non ancora nato, e della negazione che normalmente si instaura nella psiche dei genitori nella fase immediatamente successiva alla tragica notizia.

Sempre più sono i genitori che chiedono la sepoltura una volta che ne sono adeguatamente informati, più raramente se apprendono di questa possibilità nell'istante in cui sono invitati a sceglierla. Inoltre, sono numerosi quelli che si rammaricano, anche a distanza di tempo, per non averla richiesta o ottenuta. Questo accade soprattutto quando vengono a conoscenza del fatto che i loro figli sono stati assimilati ai rifiuti speciali dell'ospedale, ritenendo inaccettabile tale soluzione della quale quasi mai erano a conoscenza al momento del fatto.

---

[241] Nei recenti atti terroristici in Francia si è posto il problema del dove seppellire gli attentatori uccisi. Le diverse amministrazioni locali interessate si sono espresse negativamente per il timore di pellegrinaggi dei fondamentalisti islamici.

[242] È recente il caso di un bambino di cui il Comune francese in cui viveva intendeva negare la sepoltura in quanto Rom (cf. M. CASTIGLI, *Negata in un paese francese la sepoltura di una neonata Rom*, 2015, in http://www.interris.it/2015/01/05/32114/cronache/zero/negata-in-un-paese-francese-la-sepoltura-di-una-neonata-rom.html [13-4-2017]).

Tuttavia, il diritto dei genitori va inserito, come per gli adulti, in un quadro di regole condivise volte a proteggere loro e la società tutta da abusi ed azioni ritenute comunemente inaccettabili. Per questo vanno considerati percorsi di delega o sostituzione: abbiamo visto, ad esempio, come risulti ripugnante cibarsi di feti, così come conservarli in situazioni inidonee,[244] ritrovarli in un cassonetto[245] o dispersi nell'ambiente nonostante la legislazione ne consenta così facilmente la soppressione.

È una forma di libertà da incoraggiare che i genitori possano delegare parenti, altre persone di fiducia, enti o associazioni nell'esecuzione di quanto da loro disposto in un momento in cui non si sentono di praticarlo direttamente.

È infine necessario che la collettività intervenga, in modo trasparente, in tutte le situazioni in cui i genitori non intendano occuparsi dell'argomento né lasciare disposizioni. Innegabile il fatto che, comunque lo si voglia considerare, qualcosa a cui dover dare una destinazione c'è. In seguito ad ogni decesso prenatale qualcosa resta e una decisione sul suo destino la si deve comunque prevedere.

La sepoltura rappresenta un gesto di pietà[246] verso i genitori e di onore[247] verso le spoglia di un essere umano. Tuttavia, per la religione cattolica non si tratta di un gesto necessario per ottenere la salvezza eterna, nulla cambia rispetto al destino dell'anima immortale di colui al quale tale corpo è appartenuto. Nel desti-

---

[243] *Sepoltura di nati morti e prodotti del concepimento*, 2014, in http://www.funerali.org/funnews/fun-news-2626-tg-fun-18614-sepoltura-di-nati-morti-e-prodotti-del-concepimento [5-1-2016].

[244] Ha destato scalpore un feto trovato nel frigorifero di un ospedale milanese (cf. REDAZIONE MILANO, *Feto in un frigo dell'università Bicocca*, 2013, in http://milano.corriere.it/milano/notizie/cronaca/13_marzo_18/universita-studi-bicocca-biotecnologia-feto-umano-212245520914.shtml [17-6-2016]).

[245] Cf. *Treviso, feto morto trovato dentro un cassonetto*, 2016, in http://www.lastampa.it/2016/04/30/italia/cronache/treviso-feto-morto-trovato-dentro-un-cassonetto-OyLv13TOg6T2Lmp3n9C2zL/pagina.html [17-6-2016].

[246] «Sentimento di affettuoso dolore, di commossa e intensa partecipazione e di solidarietà che si prova nei confronti di chi soffre» (voce «Pietà», in http://www.treccani.it//vocabolario/pieta [17-6-2016]).

[247] «La dignità personale in quanto si riflette nella considerazione altrui» (voce «Onore», in http://www.treccani.it/vocabolario/ricerca/onore/ [17-6-2016]).

nare il feto ad una degna sepoltura piuttosto che allo smaltimento fra i rifiuti, cambia, invece, e radicalmente, il sentimento e la considerazione della società tutta nei confronti dei genitori nella loro situazione di lutto e soprattutto nei confronti della vita umana nei primi nove mesi del suo corso. Il cristianesimo, tramite la sepoltura, richiama a riconoscere l'immagine di Dio in ogni uomo; allo stesso modo, la misura con cui si onorano le spoglia di un proprio simile rappresenta uno di quei frutti descritti dal vangelo, come pure il disprezzo verso di esse rappresenta un allontanamento da Dio.

> *O Dio, nella tua eredità sono entrate le genti: hanno profanato il tuo santo tempio, hanno ridotto Gerusalemme in macerie. Hanno abbandonato i cadaveri dei tuoi servi in pasto agli uccelli del cielo, la carne dei tuoi fedeli agli animali selvatici. Hanno versato il loro sangue come acqua intorno a Gerusalemme e nessuno seppelliva (Sal 79,1-3).*

Per i genitori la sepoltura rappresenta l'ultimo gesto di cura che materialmente possono fare per un figlio che avrebbero custodito con tante cure, coccole, abbracci e baci. Una piccola consolazione, certo, rispetto al dramma che si è appena consumato ma l'unica cosa che possono ancora fare, la più naturale: questo gesto materializza ciò che sta accadendo, dà un volto a quel figlio atteso. È normale che ciò possa scatenare manifestazioni di un dolore acuto come il pianto, il lamento e anche la disperazione, espressione di sentimenti di cui si ha paura per sé e per coloro che si hanno attorno, non essendo in genere preparati a gestirli: esse rappresentano, invece, il presupposto per iniziare rapidamente la rielaborazione del lutto, piuttosto che la sua negazione, la quale, in genere, porta a processi più lunghi e faticosi, benché meno visibili.

Non a caso la Chiesa considera seppellire i morti un atto di misericordia corporale, suggerendo il riferimento al defunto e non solo ai congiunti: in questo secondo caso sarebbe stato più correttamente definito come atto di misericordia spirituale.

La sepoltura offre un luogo della memoria, dove far visita, portare un fiore, ricordare insieme, razionalizzare il dolore; essa offre la possibilità di collettivizzare il lutto, rendendone partecipi parenti ed amici, potendo condividere con essi il proprio dolore; si presta all'esecuzione di un rito, quindi di preghiere di affidamento a Dio del proprio figlio e della propria sofferenza, invocando aiuto, misericordia, perdono, pace.

CAPITOLO V - MEGLIO SEPPELLIRLI

Vedremo in questo quinto capitolo come la sepoltura e il suo rituale funebre abbiano accompagnato la storia dell'umanità segnandone, in qualche modo, il suo inizio.[248] Fin dagli inizi la sepoltura dei defunti ha goduto di grande rilevanza e cura nella Chiesa, trovandone il caposaldo nella morte e resurrezione del Cristo. Seppur meno appariscente, vedremo come la pratica della sepoltura dei morti prima di nascere abbia avuto una sua rilevanza fin dalla preistoria e come la Chiesa abbia affrontato la questione in relazione al battesimo e alla salvezza eterna. Affronteremo infine come anche quello prenatale sia un vero e proprio lutto e di come la sepoltura possa essere di aiuto nella sua elaborazione.

1. Un'opera di misericordia

Come accennato poc'anzi la Chiesa pone fra le opere di misericordia corporale quella di «seppellire i morti»:[249] approfondiamo la questione e vediamo come si connette al nostro tema.[250]

Mentre i romani permettevano anche la cremazione, la Chiesa, fin dalle sue origini, osteggiava tale pratica considerandola pagana[251] e riabilitandola solo di recente.[252] Il seppellimento, invece, è una partica ereditata dal giudaismo, come

---

[248] Cf. G. BOSELLI, «Il rito delle esequie: confessione della fede e umanizzazione della morte», *Rivista liturgica*, 99/1 (2012), 44–70.

[249] *Catechismo della Chiesa Cattolica* [da ora CCC], Libreria Editrice Vaticana, Città del Vaticano 1992, 2447.

[250] Cf. E. MASINI, «Seppellire i non nati: un'opera di misericordia», *Studia Bioethica* 10/1 (2017), 52–61.

[251] Cf. A. TRISCIUOGLIO, «Cadavere», 8.

[252] Si percepiva infatti una connessione alla mentalità neoplatonica, che intendeva la distruzione del corpo per liberare totalmente l'anima dal suo carcere. Ora tale pratica non è più proibita dalla Chiesa a patto che non sia per motivi contrari alla dottrina cristiana (cf. COMMISSIONE TEOLOGICA INTERNAZIONALE, *Problemi attuali di escatologia*, 1990, 2.1).

attesta il libro di Tobia,[253] un intero libro della Bibbia dedicato all'opera di misericordia del seppellimento. Tobi, durante la deportazione di Néftali del 734 a.C. narra di come si adoperava caritatevolmente verso i suoi connazionali, in particolare mettendo a repentaglio la sua vita per seppellire i morti che, diversamente, venivano gettati dietro le mura di Ninive (cf. Tb 1,16-20). A causa di questo, gli vennero confiscati tutti i beni e fu costretto a fuggire per non essere giustiziato. Ottenuta la grazia tornò alla sua casa ma, mentre si trovava già seduto alla tavola imbandita per la festa di Pentecoste insieme alla sua famiglia, inviò il figlio per verificare se non ci fosse, tra i fratelli deportati, qualche povero da invitare a pranzo. Il figlio ne trovò uno strangolato e gettato nella piazza. Saputolo Tobi si alzò da tavola senza pranzare per andare subito a recuperarlo, per poi seppellirlo nella notte, nonostante la derisione dei suoi amici (cf. Tb 2,1-8). Infine, nel lasciare al figlio le sue ultime volontà, chiese una sepoltura decorosa e condivisa con la moglie Anna (cf. Tb 4,3-4).

Proseguendo, non si può comprendere l'importanza che ha la sepoltura per i cristiani senza soffermarsi sulla vicenda mortale di Gesù. «Giuseppe d'Arimatea, un ricco e autorevole membro del Sinedrio, chiese coraggiosamente a Ponzio Pilato di poter seppellire Gesù` nel suo sepolcro»,[254] ma, al terzo giorno, saranno alcune donne ad accorgersi per prime della scomparsa del suo corpo mortale.

> *«Comprarono oli aromatici per andare a ungerlo»* (Mc 16,1).
> *«Entrate non trovarono il corpo del Signore Gesù»* (Lc 24,4).
> *«"Hanno portato via il Signore dal sepolcro e non sappiamo dove l'hanno posto!"»* (Gv 20,2).
> *«L'angelo disse alle donne: "Voi non abbiate paura! So che cercate Gesù, il crocifisso. Non è qui. È risorto, infatti, come aveva detto; venite, guardate il luogo dove era stato deposto"»* (Mt 28,5-6).

È molto interessante l'attenzione riservata dalle donne alle spoglia mortali di Gesù. Non si tratta, infatti, di un oggetto qualunque, ma meritano venerazione,

---

[253] Cf. PONTIFICIA COMMISSIONE BIBLICA, *Ispirazione e verità della Sacra Scrittura*, 2014, 2.3.1.

rispetto e cura. L'espressione "hanno portato via il Signore" mantiene ancora un'impronta di soggettività rivolta a Gesù da riconoscersi ancora nel suo cadavere. L'angelo stesso afferma che le donne stanno cercando Gesù e non semplicemente il suo corpo: cercandolo nel sepolcro lo cercavano nel suo cadavere, mentre l'angelo ne annuncia l'appena avvenuta resurrezione. Poiché non è presente il corpo, è evidente che ha partecipato fisicamente alla resurrezione, evento in cui si ricongiungono anima e corpo, seppur in modo nuovo. Infatti, in prima istanza, non lo riconoscono (cf. Lc 24,16): Cristo risorto conserva molte proprietà precedenti (si vede, si tocca, mangia, parla ...) e ne acquista di nuove (entra a porte chiuse, appare (cf. Lc 24,34) e scompare all'improvviso (cf. Lc 24,31)).

È nel Catechismo della Chiesa Cattolica che troviamo la definizione di opere di misericordia come «azioni caritatevoli con le quali soccorriamo il nostro prossimo nelle sue necessità corporali e spirituali».[255] Solo la settima e ultima opera di misericordia corporale riguarda un beneficio da elargire ai morti. Similmente la settima opera di misericordia spirituale incoraggia a pregare per loro.[256] Peraltro papa Francesco invitava il popolo cristiano a riflettere, durante il giubileo da lui indetto, proprio sulle opere di misericordia, come modo di risvegliare le coscienze assopite davanti al dramma della povertà ed «entrare sempre più nel cuore del Vangelo, dove i poveri sono il cuore della misericordia divina».[257]

Interessante che il Catechismo inserisca le opere di misericordia nel VII comandamento "Non rubare", all'interno del capitolo "Amerai il prossimo come te stesso", richiamandoci così al rischio di appropriarci indebitamente di ciò che appartiene al defunto,[258] relativamente alle sue cose, così come al suo corpo che, come abbiamo visto, non va commercializzato. Con la morte si ha la scissione di

---

[254] PAPA BENEDETTO XVI, PAPA BENEDETTO XVI, *Augustae Taurinorum in veneratione sacrae Sindonis apud templum archidioecesanum*: AAS, 102 (2010), 300.
[255] CCC, 2447.
[256] «Pregare Dio per i vivi e per i morti» (PAPA FRANCESCO, *Misericordiae Vultus. Bolla di indizione del Giubileo straordinario della misericordia*, 2015, 15).
[257] *Ibid.*
[258] Cf. CCC, 2401.

anima e corpo, ma il cristiano non cessa di rispettare e onorare entrambe: la prima, immortale, con la preghiera; il secondo con decorosa sepoltura, il tutto nell'attesa che si riuniscano nuovamente e misteriosamente nella resurrezione dei morti. Se Cristo è risorto con il suo stesso corpo, seppur rinnovato, possiamo credere che anche noi, nel risorgere, recupereremo qualcosa di fisico del nostro corpo terreno.[259] Per la Chiesa «i corpi dei defunti devono essere trattati con rispetto e carità nella fede e nella speranza della risurrezione [e questo N.d.R.] rende onore ai figli di Dio, tempio dello Spirito Santo».[260]

Quindi, se seppellire i morti è un'azione caritatevole verso il prossimo, significa che egli è ancora partecipe, seppur diversamente da prima, di quel corpo che gli è appartenuto e che a lui ci richiama. In qualche modo, il rispetto a lui riconosciuto gli sarà di beneficio. Tuttavia, sarà di beneficio anche ai vivi, come vedremo meglio nel paragrafo dedicato alla elaborazione del lutto. Possiamo quindi condividere con san Tommaso d'Aquino che la pratica della sepoltura giovi sia ai vivi che ai morti: ai vivi perché «non inorridissero alla vista dei cadaveri e non ne fossero materialmente contaminati, [...] [ma N.d.R.] anche spritualmente, poiché esprime la fede nella resurrezione. Giova ai morti perché chi guarda i sepolcri ricorda i defunti e prega per loro».[261] Egli precisa, tuttavia, come la sepoltura non sia necessaria affinché le anime trovino pace. [262]

In passato, fu tramite le Confraternite di misericordia che la Chiesa ritirava e seppelliva i cadaveri dei condannati,[263] che talvolta restavano esposti per ulteriore pena e monito dei presenti.[264] Il rispetto e la carità con cui per la Chiesa devono

---

[259] «Le antiche formule di fede sostenevano, con ben altra forza, che doveva risorgere quel medesimo corpo che adesso vive» (COMMISSIONE TEOLOGICA INTERNAZIONALE, *La speranza della salvezza per i bambini che muoiono senza battesimo*, 2007, 6.3).
[260] CCC, 2300.
[261] S. Tommaso d'Aquino, *Summa Theologiae* I, II, q. 71, a. 2, ad I.
[262] Cf. *Ivi.*
[263] Cf. F. CROSARA, «Cadavere (diritto intermedio)», in *Enciclopedia del Diritto*, Giuffrè, Milano 1959, 766-768.
[264] «Sono noti gli strazi di cadaveri che le antiche giustizie stabilivano per pena o consentivano per vendetta. [...] I corpi dei condannati si lasciavano talvolta insepolti [...]. Du-

essere trattati i corpi dei defunti,[265] non dovrebbe porre problemi ad estendere tale attenzione anche a coloro che sono morti in epoca prenatale.

Fin dalle origini e con continuità «la tradizione della Chiesa ha sempre ritenuto che la vita umana debba essere protetta fin dal suo inizio come nelle diverse tappe dei suo sviluppo».[266] Ne consegue che «l'essere umano va rispettato e trattato come una persona fin dal suo concepimento e, pertanto, da quello stesso momento gli si devono riconoscere i diritti della persona».[267] Una tutela che non dipende dall'epoca gestazionale, né dalle sembianze umane: «Non si sottilizzi tra di noi se il feto è formato o no»[268] affermava S. Basilio già nel 374. Tuttavia solo recentemente si è chiaramente espressa sul dovere morale di seppellirli sia allo stato fetale che embrionale.

Un primo pronunciamento risale al 1967, in seguito al quesito posto dal vescovo di Cleveland. Questi faceva sua la richiesta del cappellano di un ospedale evangelico che domandava se fosse moralmente lecito cremare i feti morti al di sotto delle 17 settimane di gestazione, molti dei quali battezzati. La Congregazione per la Dottrina della Fede rispondeva che «*Si adsit rationabilis causa quae foetus vel membra corporis inhumari non permittat, ex parte Sacrae Congregationis pro Doctrina Fidei, nihil obstat ad cremationem*».[269] Chiara quindi l'indicazione

---

rante l'ultima guerra mondiale i tedeschi lasciarono lungamente esposti sulle pubbliche piazze i cadaveri di ribelli o ostaggi da essi uccisi in combattimento o impiccati» (V. MANZINI, «Delitti contro il sentimento religioso», 105-106).

[265] *Compendio al Catechismo della Chiesa Cattolica*, Libreria Editrice Vaticana, Città del Vaticano 2005, 479.

[266] CONGREGAZIONE PER LA DOTTRINA DELLA FEDE, *Dichiarazione sull'aborto procurato*: ASS 66 (1974), 733.

[267] DV I,1; CONGREGAZIONE PER LA DOTTRINA DELLA FEDE, Istruzione *Dignitas personae* [da ora DP], 4: AAS 100 12 (2008).

[268] S. BASILIO, *Lettere* [Ad Anfilochio], 188, 2, cit. in A. R. LUÑO, «Continuità dell'insegnamento magisteriale», in CONGREGAZIONE PER LA DOTTRINA DELLA FEDE, *Istruzione Donum Vitae*, Libreria Editrice Vaticana, Città del Vaticano 1990, 97-104.

[269] CONGREGAZIONE PER LA DOTTRINA DELLA FEDE, *Epistula ad Episcopum Clevelandensum circa dubia proposita de foetus vel membrorum corporis humani crematione*, 1967.

di procedere alla sepoltura, accettando la cremazione quando non possibile fare altrimenti.

È nel documento dottrinale *Donum Vitae* che il pronunciamento diventa universale da parte della Congregazione per la Dottrina della Fede, a firma dell'allora card. Joseph Ratzinger, su conferma di san Giovanni Paolo II:

«I cadaveri di embrioni o feti umani, volontariamente abortiti o non, devono essere rispettati come le spoglie degli altri esseri umani».[270]

Il testo si occupa della tutela dell'embrione umano in relazione alle tecniche di fecondazione artificiale. In particolare, nel punto citato, viene affrontando il tema della sperimentazione sugli embrioni umani: imporne il seppellimento è una naturale conseguenza del considerarli umani a tutti gli effetti, senza sostanziale distinzione con i già nati. Trattando qui di embrioni prodotti in vitro e manipolati di norma nei primi quattordici giorni dalla fecondazione, è evidente che tale rispetto sia da riservare all'embrione umano fin dal suo concepimento. Tale principio verrà poi ripreso e confermato integralmente nel più recente documento *Dignitas Personae* che si spinge ancora più avanti precisando che anche il materiale biologico oggetto di ricerca, illecitamente derivante da embrioni umani, rientra nel principio generale di rispetto che deve essere osservato: «Come le spoglie degli altri esseri umani».[271]

Questa chiara indicazione magisteriale ha dato grande impulso al seppellimento. È una pratica ancora poco diffusa, ma che sta rapidamente affermandosi in varie parti soprattutto per mezzo di associazioni sensibili al tema del rispetto della vita nascente che, come abbiamo visto precedentemente, la stanno promuovendo dentro la Chiesa, nella società civile e presso le istituzioni.

Grande sostegno a tale pratica è giunto dal compianto card. Alfonso Lòpez Trujillo. Mentre era presidente del Pontificio Consiglio per la Famiglia tenne una relazione tutta centrata sul tema al convegno organizzato dall'Associazione Difen-

---

[270] DV, I,4.
[271] DP, 35.

dere la Vita con Maria a Città del Messico,[272] cui ho avuto l'onore di partecipare. Il card. Elio Sgreccia ha accompagnato fin dal suo nascere l'espandersi di questa nuova sensibilità sostenendola in ogni modo.

2. I riti funebri nell'antichità

Si attestano sepolture a partire dal paleolitico medio quando, in tutta Europa, l'uomo di Neanderthal cominciava a seppellire i propri morti.[273] Tuttavia, le più antiche sepolture sono state ritrovate nella Grotta di Qafzeh in Palestina e risalgono a 90 mila anni fa: vi troviamo presenti segni rituali e di particolare cura del defunto tali da far presupporre una qualche forma di religiosità e di capacità di astrazione.[274] Così secondo alcuni studiosi di paleoantropologia tale pratica coincide, nel processo di ominizzazione, con la nascita del pensiero simbolico, ovvero dell'umanità.[275] Interessante come già vi fosse una cura speciale nella sepoltura dei bambini più piccoli e il fatto che una delle posizioni più frequenti con cui sono stati ritrovati gli scheletri più antichi sia quella fetale,[276] come ad indicare l'attesa di una nuova nascita dal grembo della terra.[277]

---

[272] A. L. TRUJILLO, «Il rispetto dovuto ai resti mortali dei bambini non nati», in *The Guadalupan appeal. Atti dell'evento internazionale per una cultura della vita. Città del Messico, 27-31 ottobre 1999*, Libreria Editrice Vaticana, Città del Vaticano 2000, 23-34.

[273] Da 80mila a 40mila a.C. (cf. J. RIES, *L'uomo religioso e la sua esperienza del sacro*, Jaca Book, Milano 2007, 99).

[274] Cf. F. FACCHINI, «Ominizzazione, cultura, umanizzazione», *Antrocom* 1/2 (2005), 179–183.

[275] Cf. E. ANATI, *Le Origini e il problema dell'homo religiosus*, Jaca Book, Milano 1989, 153; F. FACCHINI, *Origini dell'uomo ed evoluzione culturale. Profili scientifici, filosofici, religiosi*, Jaca Book, Milano 2002, 36-73.

[276] Cf. J. RIES, *L'uomo religioso*, 99.

[277] Cf. M. SANNAZARO, *La necropoli tardoantica: ricerche archeologiche nei cortili dell'Università cattolica: atti delle giornate di studio, Milano, 25-26 gennaio, 1999*, Vita e Pensiero, Milano 2001, 67-68.

In ogni società, epoca, luogo e religione assumono rilevanza i riti funebri:[278] si tratta di consegnare l'anima del defunto alla divinità e/o di salutarlo per l'ultima volta. Per le culture primitive si trattava di un rito di passaggio, talvolta assimilato ad altri che avvenivano nel corso della vita, come la nascita e il matrimonio, in cui si lascia uno stato precedente per inserirsi in uno successivo. Ciascuno di questi riti passava attraverso fasi di esclusione, morte, integrazione e rinascita. Per questo, anche la morte era ritenuta graduale e transitoria:[279] in alcune culture e situazioni i riti funebri erano molto prolungati e talvolta ripetuti.[280]

Robert Hertz fu il primo, nel 1929, ad analizzare sistematicamente il rapporto con la morte nelle diverse culture: lo studioso descrisse come i riti funebri per i bambini, soprattutto se piccoli, fossero rapidi e semplificati in quasi tutte le culture primitive, diversamente da quelli per gli adulti. Per i bambini, infatti, il passaggio all'aldilà era considerato più veloce ed esente da pericoli e vedeva come non necessaria la purificazione dell'anima poiché incorrotta dal male: essi, non ancora pienamente separati dal mondo degli spiriti, si riteneva vi tornassero direttamente, così come i medici e gli asceti.[281] Davanti alla società «la morte di uno straniero, di uno schiavo o di un bambino passava quasi inosservata, non suscitava nessuna emozione e non implicava nessuna cerimonia»,[282] provocando «una reazione sociale molto debole e in breve tempo conclusa [...] come se non si trattasse di morte vera e propria».[283] Infatti, si riteneva che non fossero ancora entrati nella società visibile, quindi non vi fosse motivo di escluderli in modo penoso e len-

---

[278] «Servizio funebre comprende ogni cerimonia o pratica funebre, semplice o complessa, diversa dal funerale, di assistenza o di onoranza in relazione a un defunto. Ad esempio vestizione, trasporto, guardia del cadavere, imbalsamazione, [...] anche le semplici commemorazioni» (V. MANZINI, «Delitti contro il sentimento religioso», 105).
[279] Cf. R. HERTZ, «Contributo a uno studio sulla rappresentazione collettiva della morte», in A. PROSPERINI (ed.), *Preminenza della destra e altri saggi*, Giulio Einaudi Editore, Torino 1994, 53–136.
[280] Cf. *Ibid.*, 98.
[281] Cf. *Ibid.*, 102.
[282] *Ibid.*, 95.
[283] *Ibid.*, 102.

to.[284] Tuttavia, questo non rendeva meno sacro il corpo del bambino rispetto a quello di un altro cadavere.[285] Non si escludeva il fatto che i famigliari potessero soffrirne la perdita, ma era considerato un fenomeno infrasociale, poiché, alla scomparsa dell'esistenza corporea, non ne corrispondeva quella di un essere sociale. Analogamente, avveniva per la persona anziana, in quanto già esclusa dalla società.[286] Questa è la ragione per cui si dava maggiore rilevanza alle esequie di persone decedute mentre avevano un importante ruolo pubblico. Inoltre, tali riti avevano, fin dall'antichità, una funzione coesiva.[287]

Sono numerosi i ritrovamenti archeologici di sepolture di feti: se ne trovano fin dalla prima età del ferro e sono soprattutto relativi agli ultimi mesi di gravidanza, raramente di epoca inferiore ai 6 mesi di gestazione.[288] Due feti mummificati di sesso femminile sono stati trovati nella tomba di Tutankhamon.[289] Uno di sette mesi, l'altro più piccolo.[290] Probabilmente erano le figlie del re e della moglie Ankhesenamon, oppure simboli di purezza che dovevano accompagnarlo nell'aldilà.[291]

Un feto di 16-18 settimane di gestazione è stato individuato in un altro sarcofago egizio, risalente al 664-525 a.C., dopo oltre un secolo di esposizione al

---

[284] I costaricani riguardo ad un bambino piccolo non dicono che è morto ma che ha raggiunto gli angeli: i suoi funerali sono una festa gioiosa da cui è escluso il cordoglio. Per i cattolici l'assenza o l'estrema brevità di un periodo di lutto per i bambini al di sotto di una certa età è un fenomeno molto generalizzato. Presso i Kayan non si osserva nessun lutto esteriore per un bambino che non ha ancora ricevuto un nome (fino ad un mese). Naturalmente il dolore dei parenti può essere vivissimo, manca però una relazione sociale con l'obbligo del lutto (cf. *Ivi*, nota 332*)*.

[285] Cf. *Ibid.*, 99.

[286] Cf. *Ibid.*, 102.

[287] Cf. D. MAINARDI, *L'animale irrazionale*, Mondadori, Milano 2001, 92.

[288] «*Deux foetus de quatre ou cinq mois lunaires déposés dans la meme urne*» (B. DEDET - H. DUDAY - A. M. TILLIER, «Inhumations de fœtus, nouveau-nés et nourrissons dans les habitats protohistoriques du Languedoc», *Gallia* 48/1 (1991), 59–108).

[289] «Probabilmente la più grande scoperta archeologica della storia» (R. CACACE, *La maledizione di Tuthankamon*, 2007, in http://www.film.it/news/televisione/dettaglio/art/la-maledizione-di-tuthankamon-12853/ [21-7-2017]).

[290] Cf. *Ivi*.

[291] Cf. *Ivi*.

Fitzwilliam Museum di Cambridge. Attraverso la Tomografia Computerizzata sono state identificate chiaramente le cinque dita di mani e piedi, le ossa di braccia e gambe in una piccola bara, ma così finemente intagliata e lavorata da indicare l'importanza del contenuto: si tratta di un chiaro segno del valore pubblico conferito alla vita umana dalle prime fasi della gravidanza.[292]

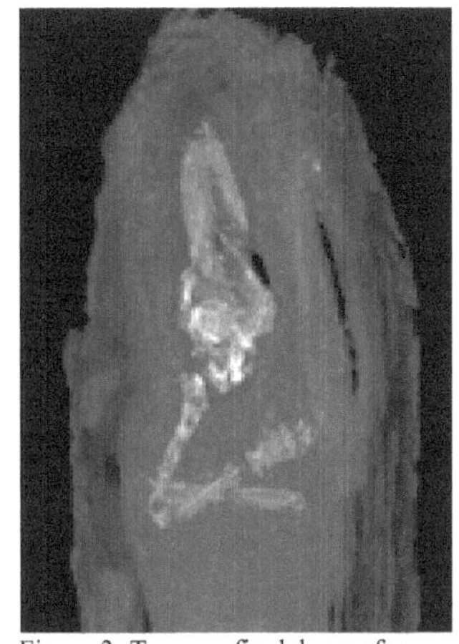

Figura 3. Tomografia del sarcofago.

Conferme archeologiche provengono da rinvenimenti di sepolture di feti e neonati in Italia, Svizzera e Inghilterra riferibili all'età del Ferro (V-III secolo a.C.), probabilmente per un influsso celtico giunto in epoca protostorica.[293]

In epoca romana le sepolture dovevano avvenire al di fuori dei centri abitati ed era consuetudine praticare l'incinerazione. Diverso trattamento avveniva, invece, per le salme degli infanti, per morti perinatali e neonatali ma anche aborti. Solo a tali categorie era al tempo riservata l'inumazione.[294] Questi, infatti, venivano sepolti nei pressi delle abitazioni, frequentemente sotto la pavimentazione interna oppure accanto ai muri perimetrali della casa. Spesso venivano racchiusi in anfore provenienti da altri utilizzi.[295] Questo accadeva per scelta dei genitori, probabilmente della madre dato che, non essendo ancora riconosciuti dalla legge, non vi erano sottoposti neanche da morti.

---

[292] Cf. *Fitzwilliam museum discover the youngest ancient egyptian human foetus in miniature coffin*, 2016, in
http://www.fitzmuseum.cam.ac.uk/sites/default/files/pressrelease/Egyptian_Foetus.pdf [19-7-2017].
[293] Cf. S. GAIO, «Quid sint suggrundaria. La sepoltura infantile a Enchuytrismos di Loppio - S. Andrea (TN)», *Annali del Museo Civico di Rovereto. Sezione: Archeologia, Storia, Scienze Naturali,* 20/2004 (2004), 53–90.
[294] Cf. *Ibid.*, 65.
[295] Cf. *Ivi.*

> *Nell'antica Roma, gli infanti morti "ante diem suum" non erano onorati in pomposi culti pubblici. La religione privata, non la legge, tutelava la dignità della loro persona nella morte e dopo la morte. Il lutto era intimo e privato. Le sepolture, e la loro locazione, modeste ma degnamente decorose. L'individualità dei figli rubati ai loro cari e al loro futuro da una morte precoce non si perdeva in una collettività anonima di divinità e antenati da invocare. Non sbiadiva nel tempo. Era unica e insostituibile e per questo, posta al centro del focolare domestico. La presenza di ogni bimbo defunto e la consapevolezza del suo non ordinario destino rimaneva, un atto muto ma dirompente di ritualizzare la perdita e il dolore.*[296]

Oltre che dall'archeologia tale pratica è documentata da fonti letterarie, in particolare Plinio il Vecchio che testimonia il rispetto della pratica di inumare le salme dei bambini cui non siano ancora spuntati i denti.[297] Anche Giovenale narra della consuetudine di seppellire i fanciulli «troppo piccoli per la fiamma del rogo».[298] Lecito chiedersi il motivo per cui non si praticava in questi casi la cremazione: forse perché non restavano ceneri da raccogliere,[299] nulla su cui poter piangere. Tale pratica comprendeva quindi neonati, nati-morti, prematuri e feti. Qualche indicazione aggiuntiva ci è tramandata dagli scritti di Fulgenzio[300] che riferisce come gli antichi definissero "suggrundaria"[301] i luoghi, nei pressi dell'abitazione, dove venivano sepolti i bambini fino ai 40 giorni dalla nascita. Lo motiva col fatto che non avevano ossa da bruciare e la mole del corpicino era tale da non creare ingombro.[302] Non ci sono invece riportati i significati religiosi e sociali di questo rituale specifico. Secondo alcuni, all'inizio del cristianesimo, seppellire sotto la grondaia poteva rappresentare il tentativo di supplire a quel battesimo di acqua che non avevano ricevuto.

---

[296] *Ibid.*, 7.

[297] Cf. S. GAIO, «Quid sint suggrundaria», 65. Si cita Plinio il Vecchio, *Naturalis Historia*, VII, 16, 72.

[298] GIOVENALE - PERSIO, *Satire*, Utet Libri, 2013, 2243.

[299] Cf. S. GAIO, «Quid sint suggrundaria», 66.

[300] Cf. *Ibid.*, 70. Autore vissuto fra il V secolo e il VI secolo d.C.

[301] Sotto la grondaia (cf. S. STUCCHI, *Cassio Emina: uno storico razionalista nella Roma Arcaica? Commento ad alcuni frammenti sulle istituzioni civili e sul culto religioso*, Ca' Foscari, Venezia 2012, 94).

[302] Cf. *Ibid.*, 93-94.

3. Le esequie cristiane

Celebrare i riti funebri «è un atto essenziale perché parte dell'essenza stessa della Chiesa e del suo legame con il mistero pasquale di Cristo».[303] «Il celebrante è il defunto stesso che celebra la sua partecipazione al mistero pasquale di Cristo non più nel mistero sacramentale ma nella piena verità». [304]

Anche nella Chiesa Cattolica si riservano riti funebri diversi nel caso si tratti di bambini, specificandone uno a parte nel caso non siano stati ancora battezzati. Il Codice di Diritto Canonico si occupa delle esequie ecclesiastiche prescrivendo che vadano celebrate «per qualsiasi fedele defunto».[305] Poiché fedeli si diventa col battesimo si potrebbe intendere che non ve ne sia un dovere per i bambini morti prima di averlo ricevuto.

a.Superamento del Limbo

Vi sono numerosi aspetti che possono essere proficuamente presi in considerazione al fine di avvalorare la celebrazione del rito delle esequie anche per i bambini morti prima di nascere. Di certo tale pratica è stata nei secoli ostacolata dalla teoria del Limbo.[306] Si tratta di una ipotesi teologica che trae le sue origini da un testo apologetico di S. Agostino contro l'eresia di Pelagio che sosteneva la non necessità del battesimo per la salvezza. S. Agostino sosteneva quindi che i bambini morti senza battesimo non potessero entrare in Paradiso a causa del gravare su di essi del peccato originale.[307]

Pur non essendoci al tempo norme ecclesiastiche sulle pratiche di sepoltura, S. Agostino riteneva non si potessero seppellire i non battezzati con i battezza-

---

[303] G. BOSELLI, «Il rito delle esequie», 48.
[304] *Ibid.*, 45.
[305] *Codice di Diritto Canonico* [da ora CIC], 1981, can. 1176-1177, §1.
[306] Termine coniato a cavallo tra il XII e il XIII secolo (cf. COMMISSIONE TEOLOGICA INTERNAZIONALE, *La speranza della salvezza*, 24).
[307] Cf. S. AGOSTINO, *De peccatorum meritis e remissione et de babtismo parvulorum*, 1.16.21.

ti[308] e aveva stabilito con chiarezza l'impossibilità di battezzare i morti,[309] questione poi ribadita da S. Tommaso.[310] Così nella metà del '400 si diffuse in modo massiccio il miracolo della breve resurrezione dei feti al fine di un rapido battesimo che consentisse la sepoltura in terra consacrata.[311] Questo diede impulso alla diffusione di santuari della resurrezione in tutta Europa, soprattutto lungo l'arco alpino.[312]

Tuttavia, S. Agostino sosteneva che anche i bambini abortiti avrebbero partecipato alla resurrezione dai morti, affermando: «Non riesco a capire in che senso non spetti loro la risurrezione, se non sono depennati dal numero dei morti».[313] Sosteneva quindi che «non risorgeranno nella esigua dimensione del corpo con cui sono morti»,[314] bensì nell'età e prestanza del bell'aspetto giovanile che avrebbero raggiunto vivendo, sul modello della piena età del Cristo.[315] I 33 anni cui è morto Gesù rappresentano infatti l'età della massima realizzazione psicofisica dell'essere umano. Quindi, secondo S. Agostino, la forma con cui tutti noi risorgeremo.

Nel 2007 la Commissione Teologica Internazionale ha pubblicato, col consenso di Papa Benedetto XVI, un articolato documento riguardo alla sorte dei bambini morti senza battesimo. Vi si chiarisce come il Limbo non sia stato mai elevato a dogma di fede, pur rappresentando la dottrina cattolica comune fino a metà del XX secolo,[316] quando si scelse di non menzionarlo nei lavori del Concilio Vaticano II per non prendere una posizione definitiva.

---

[308] Cf. C. FRANCESCHINI, *Storia del limbo*, Feltrinelli, Milano 2017, 49-50.
[309] Cf. *Ibid.*, 124.
[310] Cf. *Ibid.*, 286.
[311] Cf. *Ibid.*, 123.
[312] Cf. *Ibid.*, 396.
[313] S. AGOSTINO, *De civitate Dei*, XXII, 13.
[314] *Ibid.*, XXII, 14-15.
[315] Cf. *Ivi*.
[316] Cf. COMMISSIONE TEOLOGICA INTERNAZIONALE, *La speranza della salvezza*, 26.

La teoria del Limbo non trova riscontro esplicito nella rivelazione,[317] non se ne fa riferimento alcuno nella liturgia,[318] non lo si nomina nel Catechismo della Chiesa Cattolica del 1992 dove, invece, si insegna che il principio per cui Dio vuole la salvezza di tutti gli esseri umani «consente di sperare che vi sia una via di salvezza per i bambini morti senza Battesimo».[319]

S. Giovanni Paolo II si era spinto ancora più avanti quando nel 1995, rivolgendosi alle donne che hanno abortito, scrisse nella sua Enciclica Evangelium Vitae: «Vi accorgerete che nulla è perduto e potrete chiedere perdono anche al vostro bambino, che ora vive nel Signore».[320] Tale frase fu poi corretta nell'edizione typica latina con: «*Infantem autem vestrum potestis Eidem Patri Euisque misericordiae cum spe committere*».[321]

Pur essendo ancora il limbo «un'opinione teologica possibile»,[322] la Commissione teologica internazionale la considera problematica, sostenendo la possibilità di indicare altre possibili soluzioni per una speranza redentrice rivolta ai bambini morti senza battesimo, sostenendo, in conclusione, come la teoria del limbo oggi «possa considerarsi superata».[323] Tale conclusione era stata anticipata dall'allora card Joseph Ratzinger nel 1984, il quale, a colloquio con Messori, proponeva di lasciar cadere l'ipotesi teologica del limbo.[324]

b. Esequie per i bambini senza battesimo

Sappiamo che, tradizionalmente, la Chiesa riconosce alcuni succedanei del battesimo d'acqua: tra questi il battesimo di sangue, quello di desiderio e quello di

---

[317] Cf. *Ibid.*, 3.
[318] Cf. *Ibid.*, 5.
[319] CCC, 1261.
[320] EV, 88.
[321] «Allo stesso Padre e alla sua misericordia potete affidare con speranza il vostro bambino». Traduzione ufficiale italiana attuale *(ivi)*.
[322] COMMISSIONE TEOLOGICA INTERNAZIONALE, *La speranza della salvezza*, 41.
[323] *Ibid.*, 95.
[324] Cf. V. MESSORI - J. RATZINGER, *Rapporto sulla fede*, San Paolo, Milano 1985, 154.

desiderio della Chiesa.[325] In questo modo, infatti, il Codice riconosce ai catecumeni le esequie come fossero fedeli[326] e le concede ai bambini che i genitori avrebbero voluto battezzare, morti prima del battesimo. Tali esequie vengono concesse con il permesso dell'ordinario del luogo.[327]

Se i sacramenti sono la via ordinaria e certa con cui si manifesta la grazia di Dio, non si può escludere o impedire a Dio di agire in modo straordinario o ordinariamente in modo non conosciuto con certezza. Così, nel XX secolo, alcuni teologi hanno proposto di riconoscere ai bambini abortiti una forma di Battesimo di sangue in virtù della sofferenza subita, un battesimo di desiderio, anche inconscio, in quanto orientati verso la giustificazione o, infine, un battesimo di desiderio della Chiesa nei loro confronti.[328]

Sarebbe interessante poter avere dati sulle risposte positive o negative dei vescovi ai genitori che abbiano fatto richiesta di poter celebrare le esequie ecclesiastiche per il proprio figlio morto senza battesimo. Non avendone di disponibili, proviamo a chiederci quali potrebbero o dovrebbero essere i criteri di discernimento. Il Vescovo dovrà accertare il reale desiderio dei genitori di battezzare il figlio, di educarlo alla fede e che non ci siano motivi per credere il contrario. Per quali altre ragioni dovrebbe negare il battesimo? Ci potremmo chiedere, come già visto per gli aspetti legali, se possa dipendere dall'età del bambino, dal suo grado di sviluppo, dal suo essere nato vivo o morto e a quale epoca gestazionale, criteri che mai compaiono nel Codice di Diritto Canonico, né in questa né in altre parti;

---

[325] Sono riconosciuti dalla tradizione della Chiesa come succedanei del Battesimo di acqua (cf. COMMISSIONE TEOLOGICA INTERNAZIONALE, *La speranza della salvezza*, 29).
[326] Cf. CIC, can. 1183, §1.
[327] Cf. *Ivi*, §2.
[328] Cf. COMMISSIONE TEOLOGICA INTERNAZIONALE, *La speranza della salvezza*, 29. Don Oreste Benzi sosteneva il battesimo di sangue ritenendo martiri i bambini abortiti volontariamente configurando in tale gesto un disprezzo della vita e quindi di colui che l'ha voluta e creata. Riteneva valido anche il battesimo di desiderio della Chiesa nei loro confronti (cf. O. BENZI, «Signore, fino a quando?», *Corriere Cesenate,* 13 marzo 1999).

inoltre ci risulta che la Chiesa Cattolica non abbia mai operato discriminazioni simili se non in epoca molto remota.[329]

Vista l'insistenza del magistero nel riconoscere la dignità umana fin dal concepimento senza discontinuità, ci parrebbe alquanto discutibile e problematico porre un confine temporale per quanto riguarda le esequie, eppure risulta che non sia pratica comune né consolidata quella di chiederle, così come di concederle.[330]

Interessante e illuminante è il canone 1185 che recita: «A chi è escluso dalle esequie ecclesiastiche, deve essere negata anche ogni Messa esequiale».[331]

Tale disposizione impedisce che, anche a distanza di tempo, vengano celebrate SS. Messe per tali defunti. Una privazione che, a mio avviso, può essere giustificata solo dalla morte di persone in palese e grave contrasto con la fede cristiana, così come delineato dal canone precedente.[332] Dubitando che fra questi possano enumerarsi i bambini morti prima di nascere, ritengo che tali fattispecie saranno eventualmente da rilevarsi nei genitori.

Se il Codice di Diritto Canonico, esprimendo la dura necessità di marcare dei confini, individua i criteri minimi per ottenere benefici, è poi nella chiesa locale e nella liturgia che si concretizzano. Il rinnovamento liturgico voluto espressamente dal Concilio Vaticano II, nella preoccupazione che si esprimesse maggiormente l'indole pasquale della morte cristiana e si tenesse in maggior conto delle tradizioni locali, ordinò che fosse arricchito da una messa propria per le esequie

---

[329] Accadeva all'epoca di San Tommaso quando non erano disponibili le conoscenze dell'embriologia moderna di cui anche la Chiesa si avvale per le sue interpretazioni sull'uomo e la sua dignità.

[330] Alcuni anni fa un sacerdote della diocesi di Rimini mi ha riferito che il Vescovo locale mons. Francesco Lambiasi avrebbe affermato, di fronte al suo presbiterio, che tale suo assenso doveva intendersi sempre dato per presunto.

[331] CIC, can. 1183, §2.

[332] «Se prima della morte non diedero alcun segno di pentimento, devono essere privati delle esequie ecclesiastiche: 1) quelli che sono notoriamente apostati, eretici, scismatici; 2) coloro che scelsero la cremazione del proprio corpo per ragioni contrarie alla fede cristiana; 3) gli altri peccatori manifesti, ai quali non è possibile concedere le esequie senza pubblico scandalo dei fedeli» (CIC, can. 1184, §1).

dei bambini.[333] Questa rientrò quindi nell'Ordo Exequiarium del 1969,[334] rinnovato nel 2010 e in vigore in Italia dal 2012.[335]

La liturgia delle esequie per i bambini opera un'unica distinzione relativamente all'aver ricevuto o meno il battesimo. Molto interessante l'esplicito affidamento a Dio anche per questi ultimi più volte ripetuta nel rito e in particolare nelle parole conclusive da recitarsi al sepolcro: «Nella certezza del suo amore misericordioso».[336] Tutto il rito delle esequie per i bambini defunti tiene in grande considerazione il dolore dei genitori e dei famigliari tutti, invocando Dio come fonte di consolazione a cui si chiede di donare loro la consapevolezza che il proprio caro è affidato al suo amore misericordioso.

Tuttavia nei prenotanda si trova un articolo aggiunto a posteriori,[337] il quale specifica che la celebrazione delle esequie deve essere fatta anche per i catecumeni e può essere concessa, a norma del can. 1183 CIC «ai bambini, che i genitori intendevano battezzare, e che sono morti prima del battesimo».[338] Per quanto riguarda le modalità del Rito si specifica che l'ordinario del luogo (in genere il Vescovo), in quest'unico caso e considerando le circostanze pastorali, può permettere le esequie nella casa del defunto, o secondo le modalità abituali del luogo.[339]

Vale qui la pena di affrontare la questione del luogo e del celebrare o meno le esequie all'interno della S. Messa. Ci vengono così in aiuto il documento della CEI che introduce il nuovo Rito delle Esequie[340] e il Direttorio su pietà popolare e liturgia[341] che specificano come, in generale, per il rito delle esequie la celebra-

---

[333] Cf. CONCILIO VATICANO II, *Costituzione sulla sacra liturgia Sacrosanctum concilium*, 81-81: AAS 56 (1964) 97-138.

[334] È del 1974 la prima edizione italiana, del 2011 la seconda edizione.

[335] Cf. CEI, *Nuovo Rito delle esequie*, LEV, Città del Vaticano 2011.

[336] *Ibid.*, 55.

[337] Lo si capisce dal fatto che è contrassegnato con "bis".

[338] *Ibid.*, n. 14 bis, prenotanda.

[339] Cf. *Ibid.*, 114.

[340] Cf. CONFERENZA EPISCOPALE ITALIANA, «Rito delle esequie», *Il Regno* 5 (2012), 157–162.

[341] Cf. CONGREGAZIONE PER IL CULTO DIVINO E LA DISCIPLINA DEI SACRAMENTI, *Direttorio su pietà popolare e liturgia Principi e orientamenti*, 2002.

zione dell'Eucaristia sia raccomandata come normale[342] e del tutto auspicabile, quando possibile,[343] non quindi come una necessità per la salvezza del defunto né come un obbligo da parte dei parenti o della Chiesa, ma certo come una preferenza, sempre legata solo alla possibilità di farlo. L'impossibilità potrebbe configurarsi unicamente per l'assenza di un sacerdote disponibile, per una diversa richiesta dei parenti o del defunto stesso oppure per difficoltà logistiche. Ancora la CEI specifica come «possono presentarsi situazioni pastorali nelle quali è opportuno, o addirittura doveroso tralasciare la celebrazione della Messa e ordinare il rito esequiale in forma di Liturgia della Parola».[344] Questo aspetto andrebbe approfondito per sondare meglio se, quando e per quali ragioni possa eventualmente attuarsi nel caso di bambini morti senza battesimo quali quelli deceduti prima di nascere.

In nessun caso ho trovato diversa disposizione canonica per i bambini. In tutti i casi il discrimine fondamentale riguarda la presenza o meno di esequie ecclesiastiche e non della celebrazione eucaristica, messa in discussione solo in casi particolari.

Nell'esperienza maturata in questi anni all'interno della Comunità Papa Giovanni XXIII ho rilevato come i genitori, se praticanti, desiderino in genere che il rito delle esequie del loro figlio abortito spontaneamente avvenga all'interno della S. Messa. Questo si è potuto generalmente realizzare. Talvolta, però, questo desiderio è stato ostacolato, con grande dispiacere da parte dei genitori. In nessun caso è stato invece rifiutato lo svolgimento del rito delle esequie nell'obitorio dell'ospedale e nel cimitero durante la sepoltura.

---

[342] Cf. CEI, «Rito delle esequie», *Il Regno*, 160.
[343] Cf. CONGREGAZIONE PER IL CULTO DIVINO E LA DISCIPLINA DEI SACRAMENTI, *Direttorio su pietà popolare*, 252.
[344] Cf. CEI, «Rito delle esequie», *Il Regno*, 160.

È attesa da tempo una liturgia specifica per le esequie dei bambini morti prima di nascere, [345] in relazione alla celebrazione in presenza o in assenza dei genitori e alla presenza di più salme contemporaneamente. La più consona pare ancora essere quella dei "Bambini morti senza battesimo",[346] pur con qualche adattamento.[347] Non ci sono state risposte sufficienti nel nuovo rito, recentemente pubblicato anche in lingua italiana.

Manca quindi una fattiva promozione della pratica delle esequie per i bambini non nati come rispetto degli stessi, come vicinanza ai genitori e come forma di crescita umana della società intera.

Non essendo ancora stato approvato un rito specifico, resta possibile adattare l'esistente per il caso specifico: infatti, il celebrante ha la facoltà di farlo con arte. Una proposta ad hoc è stata presentata, durante un convegno sul tema, da padre Eugenio Sapori,[348] il quale propose una traccia elaborata con grande sapienza e attenzione. Tuttavia vi si intravvede il rischio di discostarsi, anche molto, dalla celebrazione tradizionale delle esequie, in particolare non prevedendo la celebrazione eucaristica. Una differenza eccessiva dal rito dei bambini morti una volta nati rischia di segnarne una differenza di valore, ovvero proprio ciò che invece si tenta di rifiutare in tutto il magistero, dando valore alle loro esequie.

4. Il lutto prenatale

Il percorso che ci ha condotto fino a qui ci consente di riconoscere come anche in caso di morte in epoca prenatale si possa parlare di lutto. Non è un'acquisizione recente, è suffragata da numerosi studi psicologici e se ne trova facilmente traccia nelle conversazioni sui social network. Tuttavia non è ancora diffusamente riconosciuta da parte delle istituzioni socio-sanitarie.

---

[345] Cf. A. PO, «Un prete in clinica benedice i corpi dei bimbi "mai nati"», *Corriere della Sera,* 2 marzo 1984, 4.

[346] Introdotta col Messale Romano del 1970.

[347] La liturgia va in ogni caso condotta con arte da parte del celebrante. Sono quindi auspicabili lievi adattamenti per renderla coerente a quanto si sta celebrando.

[348] Docente all'Istituto Internazionale di Teologia Pastorale Sanitaria.

> *Intorno alla morte perinatale sussiste nel nostro Paese una forma deleteria di tabù che ne limita la comprensione, l'approfondimento e la sensibilizzazione [...] pone l'Italia come fanalino di coda dell'Europa e dei Paesi più avanzati, con una condizione di arretratezza culturale e psicologica [...] una cortina di silenzio che avvolge questa dolorosa esperienza, sono rare le realtà che si occupano di accogliere e di supportare le famiglie.[349]*

In generale «in tutte le culture la morte è causa di dolore, ma non sempre questo viene manifestato pubblicamente. [...] In altri luoghi sembra che, in certe situazioni, la morte dei figli non sia necessariamente causa di dolore».[350]

"Non c'è il battito. La crescita si è fermata già da due settimane. È necessario fare il raschiamento". Queste le parole lapidarie che infrangono la trepidante accoglienza di un figlio. I genitori non vedono l'ora di fare l'ecografia per sapere come sta, per vedere il suo profilo e tentare già di riconoscerne una somiglianza con i loro volti; tornano a casa con un nodo in gola e il respiro soffocato da una terribile notizia.

Alcuni ancora non sapevano della gravidanza. Chi sa non trova parole migliori che dire: "Non vi preoccupate, non piangete, ne farete un altro, non era niente". Frasi che lacerano ed interrompono la relazione. Il pianto c'è. Quasi sempre resta dentro, soffocato da un mondo che non capisce e non vuol capire che: "Quello era mio figlio e ora non è più, non c'è più, è morto". La morte di un figlio è qualcosa di terribile, fra le sofferenze peggiori che possono toccare a un genitore. Eppure se capita durante la gravidanza quasi nessuno se ne cura e il tutto viene vissuto nella solitudine.

Già nel 1974 erano note le immediate sequele psicologiche che potevano derivare da un aborto. In Inghilterra l'aborto era già legale[351] e c'erano medici che, prima di eseguire l'intervento, si premunivano che la donna non fosse lasciata sola nei giorni successivi. Ritenevano, infatti, che da ogni aborto spontaneo o volonta-

---

[349] DI BIAGIO A., DDL S.1768.
[350] M. BLOCH – C. A. DEFANTI, voce «Morte», in *Enciclopedia delle scienze sociali*, Istituto della enciclopedia italiana fondata da Giovanni Treccani, Roma 1996, 69–79.
[351] Con l'*Abortion act* del 1967.

rio, derivassero un rimorso o un rimpianto che vedevano necessaria la presenza di un appoggio morale per essere superati.[352]

Interessanti considerazioni sul lutto prenatale possono essere ritrovate in riferimento alla natimortalità[353] in relazione alla quale, trovandoci al di fuori del tema dell'aborto, è più facile avere posizioni condivise e prive di condizionamenti ideologici. Così, spesso, chi si trova a trattare di questo argomento allude chiaramente e in modo esplicito anche ad epoche gestazionali più precoci: è, infatti, difficile pensare che tutto cambi solo per aver trascorso un giorno in più di vita intrauterina o aver acquisito l'ultimo dei grammi richiesti per essere considerato ufficialmente "nato morto".

«La morte in utero o in epoca perinatale di un bambino è per i genitori un evento traumatico, uno shock emotivo di grande entità che può causare un lutto profondo»,[354] scrive Pugliese. Essa è sempre un evento traumatico che costringe la madre e la coppia a rinunciare al proprio progetto genitoriale. Un vero e proprio lutto, «paragonabile al lutto per la perdita di una persona cara adulta».[355] Esso non si differenzia dalle altre perdite per intensità, espressioni e bisogni, ma certo per come viene affrontato, percepito e trattato dalla società.

«I genitori non sono preparati alla morte del proprio figlio prima della nascita e si trovano quindi frastornati e confusi dopo questo evento al punto da necessitare di sostegno e di informazioni esaurienti su tutte le procedure possibili»,[356] afferma Pezzino. La sua elaborazione richiede tempo e cura, impegno e strumenti, consapevolezza e ascolto.[357]

---

[352] Cf. M. LITCHFIELD - S. KENTISH, *Bambini da bruciare*, 128-131.

[353] Oltre il 180° giorno di gestazione o di peso superiore ai 500g.

[354] M. PUGLIESE, «La morte in utero: aspetti psicologici e relazionali», in *La natimortalità*, 133–140.

[355] C. RAVALDI, *La morte in-attesa*, Ipertesto edizioni, Verona 2011.

[356] C. PEZZINO, «L'editoriale».

[357] Cf. C. RAVALDI, *La morte in-attesa*, 16.

Quasi sempre si fa riferimento alla madre, ma c'è chi fa rientrare a pieno titolo la coppia e fino a tutta la famiglia nella necessità di elaborare il lutto. In tutto questo, fatica ad emergere la figura del padre: pur soffrendo anche lui della perdita del figlio, in genere viene escluso, non avendone provato una separazione fisica.[358] Egli manifesta il suo dolore con molta più fatica e sembra quasi che il suo ruolo debba essere di puro supporto alla consorte. Si ritiene, invece, trovi grande beneficio anche il padre quando la coppia genitoriale si presenta insieme per l'elaborazione del lutto.[359] Un tributo al lutto del padre ci è offerto da Giovannino Guareschi che vi dedica una bella pagina del suo Diario clandestino. Lo scrittore narra con molta delicatezza del suo rapporto con Ci, secondo dei suoi tre figli, morto prima di nascere ma sempre vivo nel suo cuore:

> *Giovannino seduto per terra sulla sabbia deserta. È solo, ma non è solo. La vita gli diede tre figli, ma il secondo non ebbe niente dalla vita (né una briciola di luce, né un filo d'aria, né un nome), perché quando nacque la morte l'aveva agghiacciato.*
> *Ma egli ravvivò la bocca muta con un soffio del suo respiro; accese gli occhi spenti con un po' di luce dei suoi occhi, e gli fece un nome con un pezzettino del suo cuore: Ci.*
> *E Ci – non nato – visse. E fu sempre con suo padre, e anche ora è qui con lui, e nessuno lo sa.[360]*

«La morte di un figlio "in arrivo" è un lutto traumatico, improvviso, inaspettato e illogico».[361] Elemento comune alle madri che hanno subito un aborto è il fatto di sentirsi frastornate, non in grado di prendere decisioni affrettate per la paura di pentirsene. In prevalenza, questo accade con la scelta di poter vedere e accarezzare il feto senza vita e quella di occuparsi della sua sepoltura. In genere

---

[358] Cf. B. FOÀ, Dare un nome al dolore. Elaborazione del lutto per l'aborto di un figlio, Effatà editrice, Torino 2014, 99-100.

[359] Cf. C. SILVENTE, «El padre también está en duelo», 2012, in https://cristinasilvente.wordpress.com/2012/04/26/el-padre-tambien-esta-en-duelo/ [29-8-2015].

[360] G. GUARESCHI, *Diario clandestino 1943-1945*, Rizzoli Editore, Milano 1949, 112.

[361] I FACILITATORI DEI GRUPPI AMA, *Attraversare il lutto*, 2011, in http://www.sidsitalia.it/wp-content/uploads/2014/05/attraversare_il_lutto.pdf [18-8-2017], 20.

sono gesti di cui si sente la mancanza se non li si è potuti compiere e, anche a distanza di anni, il pentimento per non aver dedicato tempo al proprio figlio privo di vita spinge alla ricerca della tomba e delle foto, talvolta conservate dall'ospedale.

> *Per quanto doloroso, poter vedere il proprio bimbo, dare un volto al bimbo immaginario, è di aiuto nell'elaborazione e accettazione della perdita, mentre la mancanza di un'immagine da ricordare può dar vita a fantasie dolorose (sull'aspetto del bambino) e complicare il processo del lutto.*[362]

Piuttosto facile trovare il luogo della sepoltura per coloro che hanno subito il lutto oltre le 20 settimane; amara la scoperta della maggior parte di quelli a cui è accaduto prima o di chi arriva troppo tardi.[363] «Così, al grave lutto della perdita del figlio si aggiunge un'altra aggravante: l'assenza del corpo, e di un posto ove piangerlo».[364]

Stanno emergendo da più parti indicazioni e protocolli riguardanti l'accompagnamento dei genitori alla scoperta della morte in utero e alla sua elaborazione. Si parte da una situazione in cui in ospedale ci si concentra quasi totalmente sull'aspetto fisiologico della donna. Grazie a questi nuovi percorsi si propone, invece, un approccio multidisciplinare nei confronti della coppia e che tenga conto della sua storia, degli aspetti etici e religiosi del nucleo famigliare. Ne emerge l'importanza di lasciare spazio ai genitori per la fase iniziale di elaborazione del dolore, attendendo almeno 6-24 ore prima di concordare le modalità del parto.[365] Fino a qualche anno fa si era molto interventisti e appena fatta la diagnosi si programmava l'intervento; oggi la tendenza è di permettere che l'evento accada in

---

[362] G. COZZA, *Quando l'attesa si interrompe. Riflessioni e testimonianze sulla perdita prenatale*, Il leone verde edizioni, Torino 2010, 29.

[363] L'inumazione ha una durata minima di dieci anni, spesso abbassata a cinque per i bambini. Poi i resti vengono riesumati. Di norma ne vengono informati i parenti che possono trasferirli in un ossario di cui si acquistano i diritti per 99 anni. Questo può avvenire anche per i feti se disposto dai genitori, loro delegati o persone interessate. Diversamente vengono trasferiti in modo anonimo nell'ossario comune.

[364] C. HAUSSAIRE-NIQUET, *Guarire il lutto prenatale secondo la psicosintesi*, Edizioni Amrita, Torino 2010, 10.

modo naturale o stimolandolo farmacologicamente. Ho conosciuto gestanti che, in accordo con i medici, hanno atteso anche diversi mesi prima di provocare l'espulsione.

L'esperienza di un vero e proprio parto, anche per basse età gestazionali è di grande utilità nell' «offrire la possibilità ai genitori di vedere, toccare e trascorrere un po' di tempo con il bambino, scattare fotografie, offrire ricordi e fornire le informazioni per l'eventuale funerale».[366] I genitori devono sentirsi accompagnati, ma liberi: nulla dovrebbe essere presentato come obbligatorio. Tuttavia è esperienza comune come nel giro di poche ore o giorni si potrebbe essere desiderosi di fare diversamente da come precedentemente espresso. Di questo va tenuto conto, offrendo il più possibile tale possibilità. Va in ogni caso tenuto in considerazione che «senza un ricordo, senza un'immagine, senza una rappresentazione del bambino, l'elaborazione è resa più difficile».[367]

5. Con i famigliari in lutto

Nonostante l'ampia letteratura che ne dimostri gli effetti psicosociali, il lutto prenatale è un evento ancora minimizzato o addirittura ignorato dalla gran parte della nostra società, pur verificandosi un interesse crescente, soprattutto nell'ultimo decennio. Si ritiene, a torto, che la morte in utero sia un evento meno grave della perdita di un bambino in età più avanzata, che si risolva velocemente o abbia meno conseguenze rispetto ad altri lutti. Vi è una impreparazione da parte dei professionisti nell'affrontare tali situazioni da cui emergono frasi che interrompono bruscamente la comunicazione come «"è stato meglio così", "potete avere altri

---

[365] Cf. F. MONARI – F. FACCHINETTI, «Assistenza al travaglio e al parto», in *La natimortalità*, 123–132.
[366] *Ibid.*, 125.
[367] M. PUGLIESE, «La morte in utero: aspetti psicologici e relazionali», in *La natimortalità*, 133-140.

bambini", "il tempo vi aiuterà", "sarebbe stato peggio se fosse successo più avanti"».[368]

La morte del feto o dell'embrione viene riconosciuto come "tragico evento", ma resta stranamente sottovalutato sia nell'ambiente medico che nell'opinione pubblica, con un approccio che distingue nettamente fra morte prenatale e postnatale, pur avendo la stessa dignità.[369] «Il mancato riconoscimento sociale di questo lutto lascia i genitori nella solitudine, nella non condivisione. La non legittimazione a dare voce al loro dolore può portare la coppia all'isolamento complicando il processo di elaborazione del lutto».[370]

Già in diverse parti del globo,[371] e recentemente anche in Italia, nel mondo della sanità ci si sta rendendo conto di quanta attenzione richieda un momento tanto particolare, riconoscendo la necessità di elaborare *"good clinical practices"* al pari di ogni altro caso medico.[372] In seguito a tali percorsi, emergono alcune evidenze a supporto di una migliore elaborazione del lutto prenatale.

Il volume voluto dal Ministero della Salute sulla raccolta dati e sul miglioramento della pratica assistenziale nella natimortalità,[373] offre importanti «indicazioni che possono aiutare i genitori a dare un senso di realtà alla morte, ad affrontare il dolore e ad elaborare il lutto».[374] Fra tutte si suggerisce in modo particolare di:

> *non usare con i genitori termini quali "feto", "prodotto del concepimento" bensì il termine "bambino/a" [...] offrire la possibilità di vedere, toccare e trascorrere un po' di tempo con il bimbo appena*

---

[368] *Ibid.*, 133.

[369] Cf. G. COGGI, «Postfazione», in *La natimortalità*, 317.

[370] M. PUGLIESE, «La morte in utero», in *La natimortalità*, 133.

[371] Cf. M. A. MENDIRI et al., *Atención profesional a la pérdida y el duelo*.

[372] Cf. G. COGGI, «Postfazione» in *La natimortalità*, 317.

[373] In attuazione della Legge n. 31 del 2 febbraio 2006, *Disciplina del riscontro diagnostico sulle vittime della sindrome della morte improvvisa del lattante (SIDIS) e di morte inaspettata del feto*.

[374] M. PUGLIESE, «La morte in utero», in *La natimortalità*, 133.

> *deceduto, [...]offrire la possibilità di scattare fotografie e conserva-re ricordi.*[375]

Riporto qui un'esperienza personale vissuta accanto ad una ragazza della Costa d'Avorio, la quale è stata da me personalmente accompagnata in ospedale mentre perdeva il suo bambino a 16 settimane di gravidanza. Arrivata in ospedale con una emorragia in corso le fecero una ecografia in cui il bambino risultava ancora vivo. Nonostante la sua esplicita e continua richiesta di tentare di tutto per salvare il bambino, subito le somministravano una dose di Cytotec al fine di espellerlo, sostenendo che non vi fosse più nulla da fare, pur senza mettere in evidenza un pericolo per la salute della madre. Nel giro di un'ora circa si verificava l'espulsione, in camera, alla presenza della ginecologa, mentre io ero fuori in corridoio. Uscendo dalla stanza la ginecologa mostrava compiaciuta ai presenti la foto del piccolo feto appena partorito e frettolosamente imbustato per essere inviato in anatomia patologica. La madre mi ha poi riferito di averlo visto muoversi, "era ancora vivo" quando lo hanno portato via.[376] Ha subito fatto domanda di poterlo seppellire e il giorno successivo, prima delle dimissioni, ha chiesto e ottenuto di poterlo vedere. Gli ha scattato alcune foto, nonostante l'opposizione dell'infermiera di turno: "Non si potrebbe" - disse. Per quale norma non è stato dato di saperlo.[377] Sempre di più invece, è ritenuto importante per i genitori avere l'opportunità di «vedere, toccare e quindi crearsi un ricordo del proprio bambino. Senza un ricordo, senza un'immagine, senza una rappresentazione del bambino, l'elaborazione è resa più difficile».[378]

Si suggerisce di «discutere i tempi per l'espletamento del parto e lasciare tempo alla coppia di elaborare il lutto (6-24 ore) e le modalità del parto [...] (oltre

---

[375] *Ibid.*, 138.

[376] Aborto di non consenziente? Eutanasia? Infanticidio?

[377] Eppure in molte istituzioni assistenziali si ritiene che una fotografia post-mortem possa avere un ruolo consolatorio, soprattutto per la perdita di un neonato (cf. M. PETRINI, «La fotografia post-mortem. Un aiuto nel processo di elaborazione del lutto?», *Camillianum* 42 (2014), 451–472).

[378] M. PUGLIESE, «La morte in utero», in *La natimortalità,* 133.

che di N.d.R.) assicurare l'assistenza da parte dello psicologo e segnalare l'esistenza di associazioni di auto-aiuto».[379] Viene considerato pregevole il cercare di ridurre i tempi relativi all'autopsia in modo da garantire «tempi brevi tra il decesso e lo svolgimento delle esequie funerarie del feto, fase importantissima per la rielaborazione del lutto da parte dei famigliari».[380] Grande rilevanza viene quindi data alla possibilità dei genitori di essere ben informati riguardo al loro diritto di occuparsi direttamente del destino della salma del loro figlio appena deceduto.

Ritengo che tali interpretazioni e indicazioni siano da ritenersi valide quasi in toto anche per decessi avvenuti in epoca precoce. Nella pratica, se è riservata una notevole attenzione alle morti perinatali, questa scema rapidamente al diminuire delle settimane di gestazione.

Nel XX secolo avevamo assistito ad una privatizzazione della morte: questo ha portato ad un allungamento della sua elaborazione, sostituendovi l'uso di farmaci.[381] Confidiamo nel consolidarsi dell'inversione di tendenza ormai in atto.

a.La collettivizzazione del lutto

Se già per i biologi il fenomeno della morte è materia di indagine scientifica né semplice né evidente, in tutte le culture, rileva Hertz, la morte umana va ben oltre a fenomeni fisiologici che non esauriscono la sua totalità. Vi è sì un fatto organico, ma a questo si sovrappone un complesso insieme di credenze, emozioni e atti che lo caratterizzano.[382] Notevoli le differenze fra le culture e le religioni, ma anche le molteplici affinità.

Con la morte il corpo si addormenta in un sonno profondo, operando una separazione dal mondo dei vivi in cui l'anima lascia il corpo per ricongiungersi ai

---

[379] F. MONARI – F. FACCHINETTI FABIO, «Assistenza al travaglio e al parto», in *La natimortalità*, 123–132.
[380] G. BULFAMANTE - L. AVAGLIANO, «L'indagine anatomo-patologica sulla morte fetale», in *La natimortalità*, 123–132.
[381] Cf. *Ibid.*, 27.
[382] Cf. R. HERTZ, «Contributo a uno studio sulla rappresentazione collettiva della morte», 53.

padri, distacco che in alcune società è creduto graduale e analogo a quello di altri passaggi dell'esistenza umana e paragonabile, quindi, agli eventi della nascita, del diventare adulti o del matrimonio. In questi casi la morte, vista come un fenomeno transitorio, non è definitiva. Inoltre, tutte le religioni prevedono un superamento della morte: come vita nell'aldilà, come reincarnazione o come resurrezione. Già a partire dai popoli primitivi la morte non era vista come un fenomeno naturale, ma come effetto della violazione di un qualche tabù e sempre accolta con indignato stupore e grande disperazione, in quanto colpisce il principio stesso della vita.[383]

Se può essere aspettata la morte di un anziano, non è così per quella di un giovane, peggio ancora per quella di un bambino che mai viene ritenuta naturale. Dal punto di vista sociale vi è grande differenza di percezione e di elaborazione del lutto sociale in base a chi fosse stato in vita il defunto. Ad esempio, nella Cina rurale, i bambini non vengono considerati esseri umani compiuti, bensì esseri umani non pienamente sviluppati, tanto da tollerare l'infanticidio, ritenendolo ben diverso dall'uccidere un adulto. In molte culture, come ad esempio quelle dell'Africa subsahariana, non vi sono riti particolari in seguito alla morte dei neonati. Cosa simile accade per chi muore senza aver generato figli, per lo straniero e pure per la persona molto anziana.[384] Si tratta di casi in cui il defunto non aveva avuto, non aveva raggiunto o non aveva più un pieno status sociale, così da determinare con la sua morte una mancanza per la comunità, tale da dover essere manifestata pubblicamente. Va precisato come questa scarsa considerazione sociale non debba corrispondere ad una mancanza di dolore da parte dei famigliari, questione di cui abbiamo trattato pocanzi. Troviamo qui una interessante assonanza con quanto oggi viene percepito e manifestato socialmente riguardo alla morte di embrioni e feti umani di cui raramente si parla e di cui ancor meno ci si preoccupa.

Il dogma dell'"autodeterminazione della donna" sulla vita del figlio che porta in grembo ha notevolmente influenzato la percezione odierna dell'evento,

---

[383] Cf. *Ibid.*, 96.
[384] Cf. M. BLOCH – C. A. DEFANTI, voce «Morte», 69.

creando una dicotomia fra il valore della vita del figlio cercato, talvolta desiderato ad ogni costo, e di quella del concepito in modo inatteso o non corrispondente alle attese di "normalità".

Alcuni anni fa ha fatto notizia e scalpore la morte di novantaquattro embrioni umani conservati sotto azoto liquido all'ospedale San Filippo Neri di Roma con una richiesta danni milionaria da parte dei genitori, assistiti da un'associazione dei consumatori attraverso cui si denunciava la struttura per il reato di omicidio. Tuttavia desta grande scandalo che alcuni gruppi cattolici si rechino a pregare di fronte alle cliniche in cui si pratica l'aborto volontario o ne chiedano il seppellimento; meno problematico e quasi mai contestato è, invece, il ritrovarsi a pregare in cimitero per tutti i bimbi morti prima di nascere con notevole partecipazione dei loro genitori.[385]

È recente la proposta di una giornata per il ricordo dei bambini abortiti proposta per il 9 settembre di ogni anno.[386]

Per una lettura appropriata della socialità del lutto prenatale è necessario studiare il fenomeno a partire da tempi precedenti alla rivoluzione sessuale del 1968, quando ancora non si era imposta in Italia la battaglia ideologica per la legalizzazione dell'aborto. Tuttavia, se da un lato ciò che riguarda la morte dei nati ha subito grande contrazione nella percezione collettiva, vi è stata, invece, una recente espansione di attenzione verso il lutto prenatale: questo sta avvenendo non solo attraverso alcune associazioni che se ne stanno occupando, ma è anche ben rilevabile sui social network. Infatti, appena i genitori scelgono di rendere nota sul web la loro dolorosa vicenda ne conseguono numerosissimi messaggi di cordoglio.[387] Internet offre interessanti possibilità in questo senso, al fine di creare ri-

---

[385] Gesto animato dalla Comunità Papa Giovanni XXIII in numerosi cimiteri ogni 1-2 novembre in diverse città.

[386] http://www.abortionmemorials.com/index.php [7-9-2017].

[387] 2000 messaggi di sostegno in poco più di un mese (cf. W. J. FRETZ, *The story of our son who is impacting so many even though he was on this earth for only a few minutes*, in https://f2photographybylexi.wordpress.com/2013/06/26/walter-joshua-fretz/ [23-7-2015]).

cordi da poter condividere, non solo e non tanto con la rete amicale e parentale, ma col mondo intero, soprattutto con chi ha avuto esperienze analoghe. Per questo, sono frequenti, nei social network, i gruppi di scambio e di mutuo aiuto su questi temi: frequentati quasi esclusivamente da donne, presentano anche eccellenti eccezioni.

Molto interessante infatti la scelta di Mark Zuckerberg, l'ideatore di Facebook, di condividere sul suo profilo la dolorosa esperienza vissuta con la moglie Priscilla di aver perso tre bimbi durante la gravidanza in appena due anni. Parlandone con amici, racconta, si è accorto di quanto sia frequente questo vissuto e di quanto poco, al contrario, se ne parli: per questo, lui stesso invita tutti ad uscire dal silenzio e a condividere analoghe esperienze. Questo suo post ha collezionato 1 milione 800 mila "Mi piace", 50 mila condivisioni e 114 mila commenti in brevissimo tempo,[388] evidente segno del gran numero di persone segnate da questa dolorosa esperienza.

Anche il famoso cantante Ligabue svela pubblicamente della sua sofferenza nell'aver perso tre figli prima di nascere: "Un lutto che non trova casa, nessuno lo considera un vero lutto".[389]

c. Luoghi della memoria

Il lutto di una persona cara è normalmente molto denso di ricordi, di momenti vissuti assieme, ma anche di luoghi di vita ed oggetti che sono appartenuti al defunto. Nel lutto prenatale non è così: la sofferenza della perdita consente poche associazioni di idee. È, quindi, ritenuto utile salvaguardarne il più possibile quelle oggettivamente presenti. Per questo, c'è chi propone una *"memory box"*,

---

[388] Cf. M. Zuckerberg, *Priscilla and I have some exciting news*, 31 luglio 2015, in https://www.facebook.com/photo.php?fbid=10102276573729791&set=pb.4.-2207520000.1454670449.&type=3&theater [30-8-2017].

[389] C. De Gregorio, «Ligabue: quei mesi con mio padre e quei figli che ho perso», 2012, in https://www.vanityfair.it/people/italia/2012/04/10/luciano-ligabue-figli-padre#?refresh=ce [1-10-2017].

una scatola dei ricordi in cui conservare le piccole tracce del figlio defunto: una foto, l'orma di un piedino, il braccialetto di ricovero.[390]

La tomba rappresenta il luogo fisico più prossimo alla persona della quale soffriamo la mancanza; è il luogo dove più siamo richiamati ad essere per stare ancora un po' con lui/lei, è il luogo in cui poter portare qualcosa, un oggetto, un fiore, dove poter ancora offrire un piccolo beneficio alla persona perduta tramite la cura di quello spazio; è il luogo più prossimo dove poter pregare per lui e con lui. Quando questo luogo manca, quando non abbiamo alcun ricordo fisico, può essere utile crearlo, anche in modo virtuale, come accennato precedentemente. Quindi in chi vive un lutto emerge la necessità di ricordare: infatti, ha grande utilità parlare di ciò che si vive, ma anche materializzarlo con qualcosa di concreto. La memoria sostiene i nostri ricordi, ma da sola, di fronte ad un fatto enorme come la morte, se non espressa anche verbalmente, se lasciata nel silenzio, rischia di portare il soggetto ad avere grandi difficoltà nell'elaborazione del lutto. I riti servono a condividere quanto si sta vivendo nei primi giorni dopo il lutto. Poi più nulla, chi si ha vicino tende rapidamente a non chiedere più, come per paura di far ricordare quanto si è amaramente vissuto, non rendendosi conto invece che quel ricordo è vivissimo e assillante e farebbe un gran bene verbalizzarlo ed essere ascoltati.

I cimiteri non si addicono ai bambini, sono "roba da vecchi". Così ne sono stati creati di nuovi o sono state sistemate meglio alcune parti in quelli esistenti: la maggior parte dei cimiteri riserva uno spazio dedicato ai bambini, generalmente viene chiamato "Giardino degli angeli", anche solo per una migliore gestione delle sepolture potendo, così, dedicare una superficie ridotta per ogni sepoltura rispetto a quella prevista per gli adulti, provvedendo così ad organizzare meglio gli spazi. In molti cimiteri si trovano zone dedicate ai feti: spesso parti separate, lontane dal-

---

[390] Cf. F. MATTEI, *La memory box*, in
http://www.piccoliangeli.eu/index.jsp?lingua=it&action=cambiaPagina&sito=piccoliange
li&linkPagina=13263&t=La+memory+box [31-3-2016].*

le altre tombe, poco visibili e poco conosciute. Alcune sono ben curate, mentre altre quasi abbandonate.

Ci sono associazioni che organizzano laboratori dedicati ai genitori in lutto, proponendo loro di produrre insieme qualcosa di creativo dedicato ai loro bimbi, condividendo le loro storie mancate.[391] Altre associazioni propongono percorsi di rielaborazione del lutto, anche in prospettiva Cristiana.[392]

Il bisogno di elaborare il lutto non è solo di genitori e famigliari. In realtà coinvolge tutta la società: chi viene al mondo è parte dell'umanità e quando viene a mancare tutti ne diveniamo carenti. Più o meno consapevolmente la morte di un individuo umano ci priva di una presenza. Quanto più ci si rende partecipi al lutto di queste famiglie tanto più si sente il bisogno di elaborare personalmente e collettivamente la morte di questi bimbi. È così che emergono memoriali collettivi dedicati ai bimbi morti prima di nascere, non rivolti ad un singolo defunto o voluti da una specifica famiglia: si tratta di lapidi, statue, scritte significative in luoghi particolari, dove la collettività si ritrova e piange i propri fratelli e figli. Esse possono anche avere la funzione del "milite ignoto" per tutti coloro che conservano solo nel loro cuore la memoria del proprio figlio o fratello deceduto anche molti anni prima e cercano un luogo dove piangerlo.

---

[391] Cf. https://lauroranet.wordpress.com/ [5/9/2017].
[392] Ne è un esempio La vigna di Rachele, cf. http://www.vignadirachele.org/ [10-9-2017].

6. Sepoltura come diritto-dovere

Seppellire un figlio, abbiamo visto, è un diritto, fin dal suo concepimento. Al di sotto delle 28 settimane di gravidanza non è però un dovere dei parenti dal punto di vista del diritto positivo. È chiaramente un dovere della società garantire la sepoltura di quelle salme di cui non si occupano i famigliari, dovere che si esprime in modo particolare per i feti umani deceduti fra le 20 e le 28 settimane di gestazione per i quali, trascorse le 24 ore dall'espulsione, resta incarico dell'ente pubblico provvedere alla sepoltura. È al di sotto delle 20 settimane che, in seguito al disinteressamento dei genitori, il dovere dell'ospedale di fare qualcosa assume contorni meno definiti: nulla, come abbiamo visto, impedisce la sepoltura, anzi tale pratica è incoraggiata dal Ministero della salute. Tuttavia, in assenza di una norma più esplicita, l'interpretazione comune è che debbano essere assimilati ai rifiuti speciali sanitari a rischio infettivo al pari delle parti anatomiche non riconoscibili. In aggiunta a ciò, numerosi sono gli ospedali che hanno accettato la proposta di associazioni disponibili a provvedere alla sepoltura in luogo dello smaltimento, segno evidente della legalità di tale pratica, contrastata unicamente da considerazioni ideologiche e politiche.

a. L'autodeterminazione della donna

Quello dell'autodeterminazione è certo il termine più utilizzato quando si discute di questo argomento, tuttavia sappiamo quanto sia facile abortire: è sufficiente un momento di smarrimento per chiedere ed ottenere la soppressione del figlio che si porta in grembo. La legge 194/78 prevede una settimana di ripensamento, sempre aggirata in prossimità del 90° giorno con l'emissione di un certificato di urgenza, più recentemente questo avviene anche all'avvicinarsi del 49° giorno,[393] termine ultimo per poter utilizzare la pillola abortiva RU486. Vi sono gestanti che si recano al consultorio per chiedere aiuto e ne escono con l'appunta-

---

[393] La certificazione di urgenza è passata dall'11,6% del 2011 al 16,7% del 2015 (cf. MINISTERO DELLA SALUTE, *Relazione del ministro della salute sulla legge 194/78*, 2016, 3).

mento per l'aborto. A nulla valgono gli articoli 2 e 5 della legge 194 che prevedono informazione e sostegno alle gestanti in difficoltà; a nulla vale l'articolo 4 che auspica l'esistenza di «circostanze per le quali la prosecuzione della gravidanza, il parto o la maternità comporterebbero un serio pericolo per la sua salute fisica o psichica» come ragioni che spingano la donna a recarsi al consultorio per chiedere l'intervento abortivo; a nulla vale il coinvolgimento dei genitori per le minori, facilmente superabile dalla sempre scontata e inappellabile autorizzazione del giudice tutelare; a nulla vale la necessità di «un grave pericolo per la salute fisica o psichica della donna»[394] per concedere l'aborto oltre i 90 giorni: persino il limite della possibilità di vita autonoma del feto e l'obbligo di salvaguardarne la vita non è ritenuto stringente. Con la legge 194 il valore della vita nascente è stato azzerato in cambio dell'autodeterminazione della donna. Si tratta, in verità, di una libertà più di nome che di fatto poiché nella realtà ne viene semplicemente preso atto, senza alcuna verifica di eventuali condizionamenti, pressioni o istigazioni:[395] raccolta la volontà della donna di abortire tutto il resto del procedimento viene messo in atto come un qualsiasi intervento chirurgico "urgente".[396] Tutto ciò scarica sulla donna la totale responsabilità per un atto unanimemente considerato traumatico e del quale molto spesso ella si pente con sequele anche molto gravi per la sua salute psichica e fisica. Se l'aborto era stato legalizzato col pretesto di eliminare la mortalità causata dall'aborto clandestino, ha finito per moltiplicare il tasso di suicidio. Infatti, il disagio della donna che ha abortito non viene raccolto, salvo sporadiche iniziative. La sepoltura del feto rappresenta uno dei tentativi in atto che può consentire l'uscita allo scoperto di ciò che ella sta vivendo, offrendo così una valida possibilità elaborativa.

---

[394] Art. 6, Legge n. 194 del 22 maggio 1978, *Norme per la tutela sociale della maternità e sull'interruzione volontaria di gravidanza.*
[395] L'istigazione all'aborto era sanzionata dall'art. 548 del Codice Penale poi abolito dall'art. 22, L. 194/78. L'unica ad essere stata abolita delle 13 fattispecie di istigazione previste dal Codice penale.
[396] Il 65% delle ivg si pratica entro i 14gg dalla richiesta (cf. MINISTERO DELLA SALUTE, *Relazione del ministro della salute sulla legge 194/78*, 2016, 3).

Sono sempre più numerose le coppie che scelgono la sepoltura per aborti volontari oltre le 12 settimane di gestazione: si tratta di gravidanze desiderate o comunque ben accolte e sono aborti richiesti in seguito a diagnosi problematiche o a previsioni di problemi di disabilità o di salute del figlio tra cui la più frequente è la sindrome di down. I genitori si sentono di "dover interrompere la gravidanza" per il bene del figlio, per non farlo soffrire o per il timore di non farcela ad accettare e gestire un figlio così. È una scelta molto sofferta, in genere consumata in pochissimi giorni, quindi normalmente non radicata né elaborata. "Portarlo al cimitero è stato l'ultimo atto d'amore che sono stata in grado di dargli, è stato per me una grande consolazione", così mi ha confidato una madre che ho accompagnato in questo percorso, la quale mi ha poi svelato si trattasse di un aborto "terapeutico". Infatti, in seguito ad una villocentesi positiva con risultati multiproblematici, si era sottoposta ad amniocentesi per capire meglio la situazione: il giorno stesso dell'esame le avevano fissato l'appuntamento per abortire.

"Non sono obiettrice - mi disse un giorno l'ex primario di psichiatria dell'ospedale Infermi di Rimini - così quando mi coinvolgono con una richiesta di aborto oltre i 90 giorni non mi tiro indietro". Il problema è che al tempo le chiedevano di firmare in bianco: un giorno per l'altro avrebbe dovuto certificare che per quella donna portare avanti la gravidanza rappresentasse un grave pericolo per la sua salute psichica, a causa dei problemi riscontrati nel feto. Il reparto di ginecologia, viste le difficoltà nell'interfacciarsi con la psichiatria, scelse, da lì in poi, di fare a meno della consulenza psichiatrica. Infatti, per legge la consulenza di specialisti è possibile ma non obbligatoria.[397]

Risulta, invece, difficile poter ottenere le spoglie mortali del proprio figlio se deceduto sotto le 20 settimane. Poiché la legge prevede 24 ore di tempo per poterlo richiedere ci si può aspettare che scattino delle denunce per le strutture che non siano in grado di restituirlo nel tempo previsto dalla legge perché già gettato

---

[397] Art. 7, L. 194/78.

tra i rifiuti o perché mescolato ai resti di altri embrioni e feti umani abortiti nella stessa giornata.

Ci sono genitori che, anche a distanza di tempo, chiedono di poter deporre un fiore sulla tomba del proprio figlio ed è grande il dolore quando il personale del cimitero scrolla le spalle, riferendo di non averlo mai ricevuto.[398]

b. Fa bene alla società

La nostra società non è abituata ad affrontare un lutto prenatale. È naturale la morte di un anziano, ma non lo è quella di un bambino.[399] Purtroppo quella di un nascituro è molto frequente per cui si sommano innaturalità e numerosità dell'evento. Da parte di operatori, parenti e amici è una perdita che si dimentica rapidamente. Quando va bene si consolano i genitori appena accaduto l'evento e ben ci si guarda dal riaprire la questione. Così, parlandone poco, ci mancano le parole, siamo poco "esperti" nel relazionarci a situazioni di questo tipo.

I riti funebri tendono a collettivizzare il lutto. Rendono partecipe la società di quanto i genitori rischiano di vivere in modo esclusivo e chiuso. Essi offrono la possibilità di piangere, di "soffrire con", di esplicitare, di far uscire da sé quel vuoto che attanaglia. I riti aiutano ad intraprendere una più rapida via di elaborazione del lutto. Anche i più accaniti *pro-choice* affermano che l'aborto è un dramma. Questa affermazione rappresenta un elemento comune determinante per iniziare un dialogo e un percorso virtuoso.

Nel contempo la società riconosce che quel feto era umano, che apparteneva all'umanità come uno di noi. Tale iniziativa

---

[398] È accaduto a Simona Zambardieri che dopo alcuni mesi dall'aborto spontaneo della figlia Alessandra, avvenuto a cinque mesi di gravidanza, si è recata al cimitero per deporre un fiore su una tomba inesistente che i sanitari le assicuravano fosse stata predisposta. Ne è scattata una denuncia (cf. D. SCOTTI, «Inchiesta della magistratura a Codogno. Dopo l'aborto denuncia l'Usl pe la scomparsa del feto. La mia bimba buttata via», *Corriere della Sera*, 4 novembre 1992, 39).

[399] «La morte di un figlio è un evento innaturale» (C. RAVALDI (ed.), *La tua culla è il mio cuore*, Ipertesto edizioni, Verona 2011, 10).

> *rappresenta un "messaggio silenzioso" per scuotere la coscienza e richiamare a leggi non scritte che invocano il dovere di umanità e di pietas, a cominciare dal concepito. [...] In sintonia con il riconoscimento del principio di uguaglianza, nella dignità, di tutti gli esseri umani, la proposta del seppellimento dei feti è valida non solo per i cattolici, ma per tutta la società.[400]*

Ciò stimola a farsi vicini a chi ne soffre la perdita, condividendone la sofferenza e aiutando, quindi, a rispettare maggiormente la vita prenatale e a farsene carico affinché, per quanto possibile, non debbano ripetersi fatti analoghi. Inoltre, ciò porta a riconoscere un diritto alla vita, per sé stesso e per i famigliari, affinché tale perdita possa essere il più possibile prevenuta, sia per quanto riguarda l'aborto spontaneo che quello volontario.

Difficile sostenere che la sepoltura sia un diritto del defunto. I diritti restano in capo ai vivi. Può considerarsi, quindi, un diritto di chi è in vita quello di poter contare sul fatto che, una volta morti, il proprio cadavere non sarà gettato in un cassonetto, ma che venga invece onorato come immagine del vivente a cui ha appartenuto, relativamente ad «un rispetto della sua dignità anche dopo la morte».[401] Rilevante anche il rispetto delle persone a cui la persona era legata e ai loro valori.[402]

7. Testimonianze

Un elemento importante per giungere alla conclusione di questo approfondimento è rappresentato dalle testimonianze di chi ha realmente vissuto quanto viene qui proposto e sostenuto. Riporterò prima la mia esperienza personale e di seguito quella di coppie che hanno descritto la propria vicenda nell'immediato o a distanza di tempo e che testimoniano quanto sia stato importante dare degna sepoltura al proprio figlio deceduto quando ancora era in utero.

---

[400] A. M. COSENTINO, *Un gesto d'amore*, 2012, in https://it.zenit.org/articles/un-gesto-d-amore/ [1-10-2017].
[401] CNB, *Donazione d'organo a fini di trapianto*, 4.
[402] Cf., *Ivi*.

a. Esperienza personale

La mia sensibilità alla protezione della vita prenatale risale all'adolescenza, probabilmente al momento in cui, all'età di diciassette anni, venni a sapere di avere un nipotino volato in cielo durante la gravidanza, figlio di mio fratello. O forse ancora prima, quando in tenera età, accompagnando mia madre ad una visita medica la sentii dichiarare di aver avuto un aborto spontaneo alla sua prima gravidanza: un fratellino in cielo che ho sempre considerato accanto al mio angelo custode.

L'attenzione alla sepoltura dei feti abortiti mi venne invece suscitata da un articolo pubblicato su Avvenire nel 1995-96 (purtroppo non sono ancora riuscito a ritrovarlo) in cui si riportava di come Madre Teresa di Calcutta avesse richiamato l'attenzione al rispetto umano verso le spoglia mortali dei bimbi abortiti.

Poco dopo conobbi don Oreste Benzi e, dopo essere entrato a far parte della Comunità Papa Giovanni XXIII da lui fondata, subito mi affidò il compito di accompagnarlo nella nascita di un nuovo ambito di condivisione in seno all'associazione: il Servizio Maternità Difficile.[403] Due gli obiettivi: incontrare le gestanti con problemi tali da essere tentate di ricorrere all'aborto al fine di aiutarle ad accogliere il figlio in condizioni dignitose e promuovere una società rispettosa della vita umana fin dal suo inizio.

Una delle prime iniziative fu l'avvio del momento di preghiera settimanale di fronte agli ospedali nel giorno in cui si pratica l'aborto; poco dopo l'inizio di quella nei cimiteri il 1 novembre per commemorare i bimbi non nati insieme alle loro famiglie, un appuntamento partito da Rimini che si è presto replicato in altre città, non solo italiane, sempre molto partecipato e solo in due occasioni contestato.

Nel 1998 sollecitai personalmente don Oreste ad interessarci come associazione anche alla sepoltura dei feti abortiti: lui accettò e subito ne facemmo ri-

---

[403] Dal 2016 denominato Ambito Maternità Difficile e Vita, parte del Servizio Famiglia e vita di cui sono ad oggi animatore generale.

chiesta all'ospedale civile Infermi di Rimini suscitando un acceso dibattito in città. Di lì a poco una donna, accolta in una nostra Casa Famiglia (per un breve periodo anche nella mia famiglia), ebbe un aborto spontaneo alla 19° settimana di gravidanza. Il bimbo nacque vivo, visse appena il tempo per poter essere battezzato dall'ostetrica col nome di Matteo e la madre accettò volentieri di chiederne la sepoltura. Grande stupore di tutti noi quando ci ritrovammo nell'obitorio di fronte al corpicino di Matteo: era un bambino vero, perfettamente formato pur piccolissimo. Ricordo molto bene la dimensione della sua manina, grande come un'unghia delle mie ma a sua volta con le piccole dita e le unghie perfettamente formate.

Don Oreste Benzi celebrò il funerale e accompagnammo la salma al cimitero comunale. Qui ci venne detto che non poteva essere sepolto in modo individuale, ma solo in forma anonima, "disperso" sotto un sentiero o in una zona libera del prato. Alle mie rimostranze il direttore mi spiegò che così dice la legge e che comunque avevano sempre fatto così, pur non riuscendo a citarmi le norma cui diceva di riferirsi. Matteo rimase insepolto alcuni giorni. Le nostre insistenze arrivarono agli uffici comunali che alla fine diedero il permesso di una sepoltura individuale con la possibilità di apporre successivamente una lapide con foto, nome e cognome.[404]

Nel 2014 fummo informati della necessità di riesumarne i resti che sarebbero stati riversati nell'ossario comune oppure in uno diverso su nostra indicazione. Ne acquistammo uno in concessione per novantanove anni, sulla cui lapide è scritta una frase pronunciata da don Oreste Benzi al termine della sua ultima celebrazione di un funerale analogo: "Ora che abbiamo visto non possiamo più fingere di non vedere". Partecipai all'esumazione da cui emersero chiari resti di Matteo, in particolare il teschio, eroso ma ancora ben riconoscibile, intatto invece il lenzuolino che l'operaio raccolse insieme ai resti e alla terra che conteneva riversando il

---

[404] Cf. E. MASINI, «L'onore e la pietà», in ASSOCIAZIONE DIFENDERE LA VITA CON MARIA ET AL. (edd.), *Un gesto d'amore. Bambini non nati: l'onore e la pietà*, Cantagalli, Siena 2012, 239–243.

tutto nella nuova cassettina in alluminio. "Così siamo sicuri di raccogliere tutto" - concluse con premurosa attenzione.

Era la fine del 1999, periodo di notevoli contestazioni. Un giorno lessi su un quotidiano locale dell'organizzazione di un incontro indetto da chi ci combatteva. Scelsi di parteciparvi e solo lì mi resi conto che erano le femministe riminesi ad essersi convocate per discutere sul come contrastare le nostre azioni. Pur chiaramente non gradito restai seduto imperterrito ascoltando con interesse le loro posizioni: fra le altre cose ci veniva contestato di voler seppellire i feti degli altri quando non seppellivamo neppure i nostri.

Era vero e questo ci fece riflettere sulla necessità di sensibilizzare i membri della nostra Comunità e i fedeli del mondo cattolico *in primis*. A partire da questo incontro, dopo alcune iniziali resistenze interne, scaturì presto una convinta adesione, testimoniata da continue richieste di aiuto nel desiderio di poter dare adeguata sepoltura in caso di aborto spontaneo, soprattutto al di sotto delle 20 settimane di gestazione.

Il balzo avvenne inserendo sul nostro sito www.apg23.org informazioni riguardo a questa nostra iniziativa, corredata dalle testimonianze di alcuni genitori.[405] Presto, infatti, iniziammo a ricevere telefonate da ogni parte d'Italia con la richiesta di essere aiutati a convincere la struttura ospedaliera a concedere la sepoltura del proprio figlio. In ogni richiesta abbiamo constatato la presenza del tentativo di scoraggiare i genitori all'esercizio di tale loro diritto, seppur chiaramente sancito dalla legge. "Non si può fare", "non c'era nulla", "non è previsto dalla legge", "così non potremo fare l'esame istologico", "non lo chiede mai nessuno", "lasciate perdere" sono solo alcune delle risposte più frequenti, fino al rifiuto di prendere in mano la richiesta scritta, redatta e firmata dai genitori secondo le nostre indicazioni. In pratica, nessuna delle coppie che ci ha contattato è riuscita da

---

[405]Cf. *Seppellimento, feti,* in

sola ad ottenere i resti del proprio figlio: tutte sono riuscite ad ottenere ciò che desideravano con il nostro supporto, sempre ringraziandoci di cuore per l'aiuto dato, mai unicamente tecnico, ma sempre in atteggiamento di ascolto e di condivisione di quel dolore così sminuito da coloro che i genitori si ritrovano attorno.

Nel frattempo alcuni degli ospedali con cui avevamo più volte avuto problemi iniziavano a chiedere ai genitori le loro intenzioni prevenendo la richiesta del seppellimento. Abbiamo purtroppo avuto testimonianza della presentazione di moduli precompilati con l'indicazione di un frettoloso "firmi qua".

Ricorderò sempre di un incontro con l'ex. direttore della Ginecologia e Ostetricia dell'ospedale Infermi di Rimini, il dott. Battagliarin, il quale ci illustrò di come, nel caso di aborti volontari a gravidanza avanzata, spingesse i genitori a prendersi cura della salma del figlio. Il medico usava deporre il corpicino accanto alla madre e la invitava a vestirlo e prepararlo per il funerale, un passaggio molto importante, necessario - sosteneva - per l'elaborazione del lutto.

Una svolta nel nostro percorso avvenne nel 2012 quando il diacono permanente Gino della Vittoria, in accordo col suo vescovo di Cesena-Sarsina mons Douglas Regattieri, ci chiese di formulare insieme la richiesta all'ospedale di Cesena di poterci occupare della sepoltura dei feti abortiti, noi come capofila, insieme alla diocesi e altre associazioni. A fine 2013 si realizzò questa possibilità in seguito ad una nuova convenzione tra l'ospedale e la Diocesi. Servirono alcuni mesi per mettere a punto il percorso. Subito ci si rese conto di come l'ospedale non riuscisse a garantire la separazione individuale dei "materiali abortivi" al di sotto delle 12 settimane di gravidanza. Infatti, in questa fase l'aborto avviene con l'utilizzo di un aspiratore che raccoglie ciò che viene estratto in un contenitore che viene sostituito solo a fine giornata. Cambiarlo ad ogni intervento avrebbe dovuto comportare un aumento dei costi e soprattutto stabilire una nuova incombenza del

---

http://www.apg23.org/it/la_vita_della_comunita/minori/maternita_difficile/seppellimento _feti/ [30-8-2017].

personale operante in sala operatoria: non era quindi possibile rispettare il diritto dei genitori di poter richiedere il seppellimento entro le 24 ore dall'espulsione.[406]

In una prima fase ci si concentrò, quindi, sul periodo gestazionale dalle 12 alle 20 settimane, con la previsione di estenderlo poi anche a quelli inferiori alle 12 settimane, non appena risolti i problemi tecnici e operativi. La condizione posta dalla direzione sanitaria fu subito chiara: avremmo potuto occuparcene solo previa autorizzazione dei genitori. Fu così redatto un consenso informato da sottoporre a tutte le gestanti che intendevano interrompere spontaneamente o volontariamente la loro gravidanza fra le 12 e le 20 settimane, offrendo loro tre possibilità: occuparsi personalmente della sepoltura; delegare noi; lasciare che se ne occupi l'ospedale. Si discusse a lungo sull'opportunità di descrivere cosa ne avrebbe fatto l'ospedale in luogo della sepoltura, ma la direzione preferì non esplicitare che sarebbero stati trattati come rifiuti, pur consapevoli di non dare così una informazione esaustiva.

Nel luglio 2014 venne redatto il protocollo operativo e iniziò quindi l'utilizzo del nuovo consenso. Ben presto ci chiamarono dall'obitorio per le prime salme: un'agenzia di pompe funebri si rese disponibile per il trasporto gratuito, un artigiano si premurò di confezionarci gratuitamente le piccole bare e un marmista di realizzare le lapidi senza chiedere un compenso (previste, per ora, solo ad esplicita richiesta dei genitori), infine una signora del Cav locale si offrì per finanziare l'acquisto dei fiori.

Ma quale rito usare? Subito fu chiaro che andava utilizzato un rito cattolico: non una possibilità, ma un dovere. Infatti, i genitori che ci affidano la salma del loro figlio sono ben consapevoli della nostra appartenenza: sul consenso informato viene ben evidenziato che ad occuparsene saranno «Comunità Papa Gio-

---

[406] Cf. Art. 7, comma 3, D.P.R. 285/90.

vanni XXIII e Confraternita Misericordia M. Fabbri, incaricate dalla Diocesi di Cesena-Sarsina».[407]

Per il massimo rispetto della privacy e per la necessità comunque di trattare ogni salma in modo individuale in obitorio, per il trasporto e il seppellimento, si è scelto di utilizzare esclusivamente il codice nosologico, ovvero del codice che viene dato ad ogni paziente al momento del ricovero. In questo modo nessuno potrà risalire alle generalità della madre, al di fuori degli operatori sanitari direttamente coinvolti. Successivamente si è provveduto ad informare i genitori della possibilità di ritrovare il luogo esatto di sepoltura del figlio: sarà sufficiente presentarsi alla Direzione del Cimitero cittadino con il frontespizio della cartella clinica recante il Codice Nosologico e muniti di un documento di identità.

Nel 2015 ricevetti una telefonata da parte di una coppia che mi chiedeva informazioni rispetto a questa nostra attività. Si mostrarono rammaricati per aver delegato a noi la sepoltura del figlio, mentre avrebbero voluto provvedere personalmente. Spiegai loro che da parte nostra non si presentavano problemi, offrendo loro la possibilità di partecipare al rito organizzato da noi. Spiegai che data la presenza dei genitori, la nostra scelta è di celebrare il rito individualmente. In alternativa proposi di fare una richiesta all'ospedale per rettificare la loro disposizione, in modo che potessero assumersene ogni onere liberando noi da ogni incombenza. In una telefonata successiva fu la madre a chiamarmi. Piangendo al telefono, molto sofferente mi disse: "Temevo di non farcela, non so se ho fatto bene". Mi confidò così essere stato un aborto volontario in seguito alla diagnosi di sindrome di Down. Per loro è stato molto importante dare degna sepoltura alla loro bimba. Al cimitero vi era stata anche la presenza dei nonni e del parroco.

---

[407] SERVIZIO SANITARIO REGIONALE EMILIA-ROMAGNA AZIENDA UNITÀ SANITARIA LOCALE ROMAGNA U.O. DIREZIONE MEDICA OSPEDALIERA CESENA, *Protocollo operativo ai sensi dell'accordo tra Ausl Cesena e Diocesi Cesena-Sarsina, Associazione Comunità Papa Giovanni XXIII, Confraternita Misericordia di Alfero M. Fabbri per la sepoltura di embrioni e feti*, Prot. N. 0032164, del 6 agosto 2014.

Quello appena descritto non è stato il primo caso di sepoltura in seguito ad aborto volontario: il primo risale al 2007. Era la Giornata della Vita quando, durante la manifestazione per le vie cittadine preceduta dalla messa col vescovo di Rimini mons. Mariano De Nicolò, don Oreste Benzi venne informato del fatto che una ragazza che avevamo incontrato incinta di 18 settimane stava abortendo all'ospedale Maggiore di Bologna. Erano 4 giorni che le somministravano farmaci per provocare l'espulsione del feto, ma ancora questa non era avvenuta. Don Oreste si precipitò in ospedale dove la ragazza accettò subito di incontrarlo. Bastarono pochi minuti per convincerla ad uscire da quel luogo. Il giorno successivo era già per le vie della città a fare acquisti per il piccolino quando le sopraggiunse un telegramma dal primario in cui la si invitava a tornare in ospedale. Il messaggio era motivato dal fatto che i farmaci somministrati per l'aborto avrebbero potuto creare danni al feto. Il giorno successivo le venne praticato un taglio cesareo per estrarre quello che lei stessa chiamò Maria Salvatore. Un'infermiera, suo malgrado presente all'intervento, ci confidò che il feto nacque vivo. La madre ci delegò per iscritto ad occuparci del seppellimento. Don Oreste Benzi celebrò il funerale nella chiesa di S. Antonio di Savena a Bologna e fece un comunicato stampa che suscitò un certo clamore. Nei giorni successivi partecipai in chat ad un dibattito che si scagliava ferocemente contro di noi: si interruppe bruscamente quando mi presentai, offrendo la possibilità di ricevere la foto del bimbo abortito a chi me l'avesse richiesta. Il card. Carlo Caffarra chiamò personalmente il parroco don Mario Zacchini per un suo apprezzamento al gesto compiuto. Quando raggiungemmo con la bara la zona dedicata ai bambini della Certosa (cimitero in centro a Bologna) ci colpì una lapide poco distante con la seguente scritta a pennarello: "Perdonami per quello che ti ho fatto".

È così evidente che anche coloro che scelgono un aborto volontario possono essere interessati ad offrire una sepoltura al loro bimbo. Ciò che manca oggi è una informazione e una disponibilità sufficiente da parte delle istituzioni a garantire questo diritto già sancito ma così difficilmente ottenibile.

b. Testimonianze dei genitori

Nel corso della mia esperienza con la Papa Giovanni XXIII ho raccolto numerose testimonianze. Ne riporto alcuni stralci per evidenziarne gli aspetti comune e più salienti con qualche citazione rappresentativa. Per il rispetto della privacy i nomi dei genitori che seguiranno saranno normalmente di fantasia.

Elemento comune nei genitori che hanno praticato la sepoltura è l'averne già sentito parlare prima del momento dell'aborto. Si tratta di un momento traumatico, in cui la ragione lascia spazio all'irrazionale, dove è difficile prendere in esame qualcosa di totalmente sconosciuto. Raramente la proposta arriva dai sanitari: in genere sono i genitori stessi a farne richiesta. La resistenza degli interlocutori normalmente non fa desistere la coppia, la quale si attrezza, approfondendo la questione e chiedendo aiuto per ottenere di poter compiere un gesto che ritengono importante. Comune è la consapevolezza di fare un atto per lui/lei e non per sé stessi e di avere una possibilità per dare un ultimo saluto insieme ai parenti più stretti per affidare a Dio il proprio figlio. Il coinvolgimento degli altri figli avviene anche quando molto piccoli. Generalmente il fratellino defunto viene presentato come "un angioletto" e pensato come certamente in Paradiso. Grazie alla sepoltura e alle esequie, si afferma la consapevolezza di aver fatto per lui «tutto quello che umanamente era possibile».[408]

In almeno una occasione sono stati affissi i manifesti funebri allargando la partecipazione al lutto. Così raccontano Dani e Roby, i genitori che hanno fatto questa scelta dopo la perdita del figlio a 8 settimane dal concepimento:

> *Nel momento in cui si è staccato dal mio utero [...]mi è sembrato che Samuele mi volesse dire: "Non posso restare qui con te, ma sii tu a prendermi in braccio ... non abbandonarmi!" [...] Ha celebrato la S. Messa mio zio sacerdote insieme al parroco. È stata una*

---

[408] COMUNITÀ PAPA GIOVANNI XXIII, *Bambini non nati*, in http://www.apg23.org/downloads/files/La%20vita/Maternit%C3%A0%20Difficile/maternit%C3%A0%20difficile/Bambini-NonNati_APG23.pdf [15-11-2016], 7.

funzione molto partecipata sia dalla comunità che dal paese, in cui abbiamo sentito davvero la vicinanza sia fisica che spirituale».[409]

Un'altra madre racconta le difficoltà avute in seguito alla richiesta di poter effettuare la sepoltura. La riporto in quanto ben esprime ciò che molto frequentemente accade:

> *A dieci settimane di gravidanza [...] era davvero un bel bambino ma il suo cuore aveva già smesso di battere. Io non potevo consolarmi quando mi dicevano che era meglio perderlo adesso, piuttosto che avere poi, forse, un figlio con qualche malformazione, io ero la sua mamma e lui, malato o sano, era il mio bambino! Neppure avrei potuto sostituirlo con un altro figlio perché ogni bambino e ogni uomo è un dono unico e irripetibile del buon Dio! [...]*
> *Vedendo il suo corpicino così piccolo e così perfetto ci è sembrato giusto riconoscergli la dignità di un essere umano fin dall'inizio della sua esistenza e gli abbiamo dato un nome: Francesco. [...].*
> *In sala operatoria non erano molto d'accordo [...]. Ho chiesto di non sciupare – se si poteva – il piccolo corpicino, ma mi hanno risposto che non era possibile.*
> *Ho richiesto di poter mettere sul contenitore il nome del bimbo ma la risposta è stata che il "materiale" al limite di poteva identificare come "materiale di P.S.".*
> *Infine mi avrebbero concesso il "materiale" per il seppellimento solo se ce ne fosse stato a sufficienza, perché l'esame istologico, per legge, andava comunque fatto, senza libera scelta.*[410]

Altri, da diversi ospedali, mi hanno riportato che alla richiesta di poter procedere alla sepoltura si poneva l'opposizione che si sarebbe dovuto rinunciare all'esame istologico, quindi alla possibilità di conoscere le cause della morte del feto. Francesca ha perso i suoi due gemelli a tre mesi dal concepimento e così mi scrive:

> *Ho chiesto di poterli avere per poterli seppellire, ed è in quel momento che ho cominciato a scontrarmi con il pregiudizio di chi misura la vita in base ai centimetri e agli anni di nascita...forse è sta-*

---

[409] *Ivi.*

[410] *Ibid., 5.*

ta la parte più dolorosa...il sentirsi guardati come un po' bizzarri, fuori dalla realtà.[411]

Un'altra coppia racconta la sepoltura del figlio morto a 17 settimane di gravidanza: «Sentiamo di aver permesso che non venisse tolta a Donato la sua dignità di essere umano e figlio di Dio destinato all'immortalità».[412]

I genitori restano molto male alla negazione di poter mettere il nome del figlio sulla cassa e sulla lapide. Generalmente lo ottengono grazie alla loro insistenza, più facilmente dalle pompe funebri, con rassegnazione dai cimiteri: «Fate come vi pare, scrivete ciò che volete – si è sentita dire dal direttore del cimitero una coppia che ho seguito – io sul registro scrivo "prodotto abortivo di ..." sulla tomba fate voi basta che ve la finite».

A livello internazionale ci sono interessanti aperture. Ad esempio in Francia una legge[413] «sancisce il diritto della donna a dare un nome e registrare all'anagrafe il proprio figlio, indipendentemente dalla settimana di gestazione a cui è avvenuta la perdita».[414]

Come già detto in precedenza Internet offre numerose testimonianze di genitori che hanno vissuto il dramma dell'aborto. Eccone una particolarmente significativa che, nonostante la lunghezza, riporto per intero.

> *Ecco che tutto il dolore e la sofferenza provati in questi ultimi 3 mesi è arrivato al culmine e mi sta scoppiando il cuore. Quando ho abortito i miei due gemellini alla 18+6 settimana non sono riuscita a guardarli e ciò che mi pesa ancora di più è che non ho dato il consenso per il funerale. Non capivo assolutamente nulla di quello che mi era successo, ero ovviamente in stato confusionale, distrutta dal dolore, disperata e sotto l'effetto di tranquillanti. Cosa potevo sapere cosa era giusto fare in quel momento?*
>
> *Ovviamente se n'è occupato mio marito dichiarando la non volontà al funerale, ho detto che ero d'accordo, mi sembrava un'epoca ge-*

---

[411] Ricevuto in manoscritto.
[412] *Ibid.*, 4.
[413] Décret n. 2008-798 del 20 agosto 2008, *Modifiant le décret n. 74-449 du 15 mai 1974 relatif au livret de faille.*
[414] G. Cozza, Quando l'attesa si interrompe, 34.

stionale troppo prematura (appena 5 mesi), ma ora mi assale l'atroce dubbio che abbia sbagliato. Piango e mi dispero pensando che forse se avessi avuto almeno un posto dove andare a piangere, una tomba dove portare dei fiori, vedere scritto il loro nome e sapere che i loro corpicini erano lì mi avrebbe dato un seppur minima consolazione. Invece non ho nemmeno un posto dove andare e so solo che non ci sono più...è come se non fossero mai esistiti e mi distrugge questo perché c'erano, li sentivo muoversi in continuazione, avevo un pancione enorme, li amavo come non ho mai amato, come potrò mai accettare tutto ciò?

Non solo la sofferenza di averli persi, ma pure il senso di colpa per non aver dato loro una degna sepoltura... non sapevo che i feti abortiti venivano smaltiti come materiale organico speciale e semplicemente inceneriti ☻ (Sic). Pensavo venissero sepolti lo stesso...veramente non so cosa pensavo...non so nemmeno se sarebbe stata la cosa giusta da fare, so solo che sto troppo male e mi domando quando passerà questo dolore perché non posso più sopportarlo.

Tre mesi ad oggi stavo partorendo i miei adorati bimbi e anche se non guardo il calendario, ogni mese nei giorni in cui cade l'anniversario "mensile" della loro perdita mi assale un'angoscia e provo un tale senso di vuoto assoluto che mi distrugge. Sento che debbo fare qualcosa per loro ma non riesco ad andare nemmeno in chiesa. Cosa posso fare? Sto ancora aspettando i risultati degli esami istologici...forse sono ancora nell'obitorio? Non ho il coraggio di chiamare per chiedere. Cosa posso fare, sono distrutta.[415]

Ci sono madri che riescono nell'intento della sepoltura con grande determinazione, spesso supportate dal padre del bambino. Un'esperienza rasserenante dopo il trauma subito.

Il battito del mio bambino si è fermato. Si è fermato anche il mondo. Quel 19 maggio a 10 settimane il mio cuore si è fermato con lui. [...] Avevo bisogno di trovare un senso a quello che stavo vivendo. [...] Mi è stato proposto di procedere alla sepoltura del mio bambino, che per diritto gli spettava. Finalmente una legge in favore della vita. [...] Adesso c'è un posto, nel cimitero, dove insieme a tanti altri bimbi Agostino riposa in pace e tutte le volte che lo desidero vado a deporre un fiore e a pregare, esattamente come avviene per i nostri cari defunti. Questo mi rincuora: sapere che c'è un

---

[415] ROSINA, *Sepoltura, funerale e tombe dei bimbi*, 18 aprile 2008, in http://www.cercounbimbo.net/forum/index.php?showtopic=102548 [18-8-2017].

luogo dove poterlo andare a trovare.[416]

---

[416] Testimonianza ricevuta personalmente dalla madre via WhatsApp il 7 agosto 2017.

CONCLUSIONE

Nella scena pubblica si parla della sepoltura di embrioni e feti umani prevalentemente in modo scontroso e ideologico. Tuttavia è un tema che trova consensi trasversali, in crescita, seppur ancora poco evidenti. Si tratta ormai, ritengo, di un processo irreversibile, in grado di segnare il futuro dell'umanità: raccoglie, infatti, un dolore diffusissimo, dandovi importanti risposte e offre, con semplice evidenza, una rilettura dell'importanza della vita prenatale valorizzandola a dispetto del fatto che possa essere oggi così facilmente e legalmente soppressa.

Ci sono istituzioni pubbliche e associative che hanno messo in atto percorsi di attenzione a genitori in lutto e ai resti dei loro figli: i genitori che ne possono usufruire ne sono grati e lo testimoniano.

La difficoltà di reperire letteratura specifica ha reso particolarmente impegnativa la redazione di questo lavoro. Nulla ho trovato nei manuali di bioetica, così come non ho trovato libri né siti, né documenti specifici. È stato necessario sviscerare la questione spezzettandola nelle sue parti più semplici e articolandola in numerose problematiche che frequentemente sono rimaste solo abbozzate, pur meritando approfondimenti che auspico, in futuro, di poter fare e/o veder fare. Trattandosi di un argomento di cui poco si parla e ancor meno si scrive, ho ritenuto necessario aprire il campo più di quanto sia consigliabile fare all'interno di una tesi, col rischio di rimanere ad un livello superficiale e/o dispersivo.

Per fondare la bontà della sepoltura dei feti abortiti ho ritenuto, quindi necessario, analizzare i dati della realtà senza limitarmi a quella odierna: questioni, antropologiche, legali, psicologiche e religiose relative alle ragioni per cui si seppelliscono i defunti, rafforzano una prassi così consolidata per l'umanità da fondarne il suo inizio.

Tre anni di ricerche hanno portato alla luce numerosi documenti di cui non sospettavo l'esistenza. Alcuni, per la loro ricchezza, sono diventati punti di riferimento, altri sono stati solo citati, ma, rivolgendomi a chi è interessato al tema, consiglio di recuperarli e affrontarli nella loro interezza. Naturalmente mi rendo disponibile ad aiutare chi fosse in difficoltà nel reperirli.

Interessante come si trovino tracce fin dalla preistoria della sepoltura dei feti abortiti e di come questi fossero voluti, probabilmente dalla madre, proprio lì dove la famiglia viveva e non allontanati dai centri abitati, come accadeva per gli adulti. L'indagine sui riti e sulla salvezza eterna ha portato alla consapevolezza di una ricchezza in forte espansione, ma anche della necessità di una definizione più esplicita in modo da garantire un cammino sereno alle chiese locali.

Il riconoscimento del lutto anche per quanto riguarda l'epoca prenatale è un passo fondamentale, seppur ancora agli albori, per porre adeguata attenzione alle famiglie che lo vivono. I social network rappresentano un canale privilegiato per far emergere quanto di più profondo si vive in merito, agevolando la condivisione di esperienze grazie alla copertura dell'anonimato e permettendo di conversare con persone che, seppur fisicamente lontane, vivono lo stesso dramma esistenziale.

Dall'analisi dei possibili percorsi a cui possono essere destinate le spoglie mortali di un decesso prenatale, emerge in tutta chiarezza, come vi siano da un lato interessi commerciali e ideologici, dall'altro un desiderio dei legittimi interessati e un'esigenza collettiva di tutela di ciò che appartiene a tutti in quanto parte dell'umanità. Si può così dimostrare e sostenere che la scelta della sepoltura sia buona e preferibile in ogni caso. Quando esplicitata dalla volontà dei genitori, vanno salvaguardate al massimo le loro esigenze in merito al credo religioso, al rito e al desiderio di allargare più o meno la partecipazione del lutto. Nei casi in cui, invece, tale scelta non sia esplicitata, resta assodato un rispetto insito, legato all'appartenenza di quei resti umani all'intera famiglia umana. Come abbiamo visto, esso non riguarda in sé solo le spoglie mortali che sono appartenute ad un prenato umano, ma anche un desiderio di sepoltura spesso manifestato successivamente dai genitori, i quali anche a notevole distanza di tempo, vanno alla ricerca della tomba del proprio figlio.

BIBLIOGRAFIA

Norme

Allegato 2 del 22 novembre 2014, *Protocollo per riscontro diagnostico di feto di età gestazionale superiore alla 25° settimana, di cui all'art. 1, comma 2, L. 31/2006.*

AZIENDA COMPLESSO OSPEDALIERO SAN FILIPPO NERI, *Gestione dei rifiuti ospedalieri (non radioattivi)*, 2010, in http://intranetsfn.asl-rme.it/qualita/allegati/111110_rifiuti_ospedalieri.pdf [19-8-2017].

CEDU, *Znamenskaya v. Russia*, n. 77785/01, § 27, del 2 giugno 2005.

Codice di Diritto Canonico, 1981.

Codice Penale.

Codice Civile.

COMMISSIONE EUROPEA, 2000/532/CE del 3 maggio 2000, *Elenco dei rifiuti Cer*, in http://eur-lex.europa.eu/LexUriServ/LexUriServ.do?uri=CONSLEG:2000D0532:20020101:IT:PDF [6-4-2017].

CONSIGLIO D'EUROPA, Raccomandazione n. 1046 del 1986, *Utilizzazione di embrioni e feti umani a fini diagnostici, terapeutici, scientifici, industriali e commerciali.*

——, Raccomandazione n. 1100 del 1989, *Use of human embryos and foetuses in scientific research.*

——, *Convenzione per la salvaguardia dei diritti dell'uomo e della Dignità dell'Essere Umano riguardo alle applicazioni della biologia e della medicina (Convenzione di Oviedo)*, 1996.

D.Lgs. n. 152 del 3 aprile 2006, *Norme in materia ambientale.*

D.Lgs. n. 205 del 3 dicembre 2010, *Disposizioni di attuazione della direttiva 2008/98/CE del Parlamento europeo e del Consiglio del 19 novembre 2008 relativa ai rifiuti e che abroga alcune direttive.*

D.M. AMBIENTE, n. 22 del 1998, *Individuazione dei rifiuti non pericolosi sottoposti alle procedure semplificate di recupero ai sensi degli articoli 31 e 33 del decreto legislativo 5 febbraio 1997*, in http://opr.provincia.avellino.it/public/doc/DM%2005%20febbraio%201998.pdf [8-4-2016].

D.P.R. n 1204 del 28 novembre 1976, *Regolamento di esecuzione della legge 30 dicembre 1971, n. 1204, sulla tutela delle lavoratrici madri.*

D.P.R. n. 285 del 10 settembre 1990, *Regolamento di polizia mortuaria.*

D.P.R. n. 396 del 3 novembre 2000, *Regolamento per la revisione e la semplificazione dell'ordinamento dello stato civile, a norma dell'articolo 2, comma 12, L. 127/97.*

D.P.R. n. 254 del 15 luglio 2003, *Regolamento recante disciplina della gestione dei rifiuti sanitari a norma dell'art. 24 della legge 179/2002.*

Décret n. 2008-798 del 20 agosto 2008, *Modifiant le décret n. 74-449 du 15 mai 1974 relatif au livret de faille.*

DI BIAGIO A., DDL S.1768, *Disposizioni concernenti il diritto di iscrizione all'anagrafe del feto nato morto*, Senato, XVII legislatura, 2015, in http://www.senato.it/japp/bgt/showdoc/17/DDLPRES/911334/index.html?stampa=si&spart=si&toc=no&parse=si [28-7-2017].

GIUNTA DELLA REGIONE EMILIA ROMAGNA, Delibera n. 1360 del 9 ottobre 2006, *Linee guida regionali per la gestione dei rifiuti prodotti nelle Aziende Sanitarie dell'Emilia-Romagna.*

——, Delibera n. 1155 del 27 luglio 2009, *Linee guida per la gestione dei rifiuti e degli scarichi idrici nelle Aziende Sanitarie dell'Emilia Romagna*, 2009.

Legge n. 194 del 22 maggio 1978, *Norme per la tutela sociale della maternità e sull'interruzione volontaria di gravidanza.*

Legge n. 91 del 1 aprile 1999, *Disposizioni in materia di prelievi e di trapianti di organi e di tessuti.*

Legge n. 40 del 19 febbraio 2004, *Norme in materia di procreazione medicalmente assistita.*

Legge n. 31 del 2 febbraio 2006, *Disciplina del riscontro diagnostico sulle vittime della sindrome della morte improvvisa del lattante (SIDIS) e di morte inaspettata del feto.*

Legge n. 164 del 11 novembre 2014, *Conversione in legge, con modificazioni, del decreto-legge 12 settembre 2014, n. 133, recante misure urgenti per l'apertura dei cantieri, la realizzazione delle opere pubbliche, la digitalizzazione del Paese, la semplificazione burocratica, l'emergenza del dissesto idrogeologico e per la ripresa delle attività produttive.*

MARCONI L., *Proposta di regolamento n.9/15 Modifica al Regolamento Regionale 9 febbraio 2009, n. 3 "Attività funebri e cimiteriali ai sensi dell'articolo 11 della Legge Regionale 1° febbraio 2005, n. 3"*, 2015, in http://www.consiglio.marche.it/banche_dati_e_documentazione/iter_degli_atti/pdr/ pdf/pdr9_9.pdf [14-8-2017].

MINISTERO DELLA SANITÀ, Circolare telegrafica 500.2/4/270, del 16 marzo 1988.

——, Circolare esplicativa n. 24 del 24 giugno 1993 al D.P.R. 285/90, 1993.

REGIO DECRETO, n. 1238 del 9 luglio 1939, *Ordinamento dello Stato Civile*, 1939.

REGIONE CAMPANIA, Delibera n. 108 del 20 marzo 2012, *Linee di indirizzo sulla sepoltura dei prodotti del concepimento.*

REGIONE LOMBARDIA, *Regolamento in materia di attività funebri e cimiteriali*, 2004.

——, Modifiche al Regolamento Regionale n. 6 del 9 novembre 2004, *Regolamento in materia di attività funebri e cimiteriali, del 6 febbraio 2007.*

REGIONE MARCHE, Legge Regionale n. 3 del 1 febbraio 2005, *Norme in materia di attività e servizi necroscopici funebri e cimiteriali*, 2005.

——, Regolamento Regionale n. 3 del 9 febbraio 2009, *Attività funebri e cimiteriali ai sensi dell'articolo 11 della Legge Regionale n. 3 del 1 febbraio 2005.*

——, Regolamento Regionale n. 7 del 16 novembre 2015, *Modifica al Regolamento Regionale 3/2009 Attività funebri e cimiteriali ai sensi dell'articolo 11 L.R. 3/2005.*

UNIONE EUROPEA, Regolamento n. 238 del 5 aprile 2011, *Disposizioni attuative del Regolamento (CE) n. 1338/2008 del Parlamento europeo e del Consiglio relativo alle statistiche comunitarie in materia di sanità pubblica e di salute e sicurezza sul luogo di lavoro, per quanto riguarda le statistiche sulle cause di decesso.*

WHO, risoluzione WHA63.22 del 2010, *WHO Guiding principles on human cell, tissue and organ transplantation.*

——, *International Statistical Classification of Diseases and Related Health Problems, 2 Instruction manual, 2011*[X], http://www.who.int/classifications/icd/ICD10Volume2_en_2010.pdf?ua=1 [6-4-2017].

Magistero

Catechismo della Chiesa Cattolica, Libreria Editrice Vaticana, Città del Vaticano 1992.

CEI, *Nuovo Rito delle esequie*, Libreria Editrice Vaticana, Città del Vaticano 2011.

COMMISSIONE TEOLOGICA INTERNAZIONALE, *Problemi attuali di escatologia*, 1990.

——, *La speranza della salvezza per i bambini che muoiono senza battesimo*, 2007.

Compendio al Catechismo della Chiesa Cattolica, Libreria Editrice Vaticana, Città del Vaticano 2005.

CONCILIO VATICANO II, *Costituzione sulla sacra liturgia Sacrosanctum concilium*: AAS 56 (1964) 97-138.

CONGREGAZIONE PER IL CULTO DIVINO E LA DISCIPLINA DEI SACRAMENTI, *Direttorio su pietà popolare e liturgia Principi e orientamenti*, 2002.

CONGREGAZIONE PER LA DOTTRINA DELLA FEDE, *Epistula ad Episcopum Clevelandensum circa dubia proposita de foetus vel membrorum corporis humani crematione*, 1967.

——, *Dichiarazione sull'aborto procurato:* AAS 66 (1974), 730-747.

——, *Donum Vitae. Istruzione circa il rispetto della vita nascente e la dignità della procreazione*: AAS 80 (1988), 70-102.

——, *Dignitas personae*: AAS 12 (2008), 858-885.

——, *Istruzione Ad resurgendum cum Christo circa la sepoltura dei defunti e la conservazione delle ceneri in caso di cremazione*, 2016.

GIOVANNI PAOLO II, *Lettera enciclica Evangelium Vitae sul valore e l'inviolabilità della ita umana*: AAS 87 (1995), 401-522.

——, *Discorso al XVIII congresso internazionale della Società dei trapianti*, 29 agosto 2000.

PAPA BENEDETTO XVI, *Augustae Taurinorum in veneratione sacrae Sindonis apud templum archidioecesanum*: AAS, 102 (2010), 300.

PAPA FRANCESCO, *Misericordiae Vultus. Bolla di indizione del Giubileo straordinario della misericordia*, 2015.

PONTIFICIA COMMISSIONE BIBLICA, *Ispirazione e verità della Sacra Scrittura*, 2014.

Enciclopedie e trattati

APRILE A. – BENCIOLINI P., «Gravidanza, parto, nascita: questioni medico-legali nell'ottica del biodiritto», in ZATTI P., *Trattato di biodiritto. Il governo del corpo*, Giuffrè, Milano 2011, 1769-1776.

BLOCH M. – DEFANTI C. A., voce «Morte», in Enciclopedia delle scienze sociali, Istituto della enciclopedia italiana fondata da Giovanni Treccani, Roma 1996, 69–79.

CHIAROTTI F., «Cadavere (diritto penale)», in *Enciclopedia del Diritto*, Giuffrè, Milano 1959, 771.

CROSARA F., «Cadavere (diritto intermedio)», in *Enciclopedia del Diritto*, Giuffrè, Milano 1959, 766–768.

MANZINI V., «Delitti contro il sentimento religioso e la pietà dei defunti», in P. NUVOLONE – G. D. PISAPIA (edd.), *Trattato di Diritto Penale italiano*, VI, UTET, Torino 1983[V], 71-106.

OLIVA A. - PASCALI V., «Cadavere. Parte medica», in *Enciclopedia di bioetica e scienza giuridica*, III, Edizioni Scientifiche Italiane, Napoli 2010, 1-7.

PADOVANI T., «Codice Penale», in T. PADOVANI (ed.), *Codice Penale*, Tomo I, Giuffrè Editore, Milano 2007[IV], 2622–2678.

ROSSI VANNINI A., «Pietà dei defunti (delitti contro)», in *Enciclopedia Giuridica*, Treccani, Roma 1990, 573.

TRISCIUOGLIO A., «Cadavere (Parte giuridica - Diritto Romano)», in *Enciclopedia di bioetica e scienza giuridica*, III, Edizioni Scientifiche Italiane, Napoli 2010, 8–14.

Voce *Embrione*, in http://www.garzantilinguistica.it/ricerca/?q=feto [3-4-2015]

Voce *Embrione*, in http://www.treccani.it/enciclopedia/ricerca/embrione/ [12-8-2017].

Voce *Onore*, in http://www.treccani.it/vocabolario/ricerca/onore/ [17-6-2016].

Voce *Pietà*, in http://www.treccani.it//vocabolario/pieta [17-6-2016].

Libri

ANATI E., *Le Origini e il problema dell'homo religiosus*, Jaca Book, Milano 1989.

ATIGHETCHI D. – MILANI D. – RABELLO A. M., *Intorno alla vita che nasce. Diritto ebraico, canonico e islamico a confronto*, G. Giappichelli Editore, Torino 2013.

BARONCIANI D. – FACCHINETTI F. – BULFAMANTE G. (edd.), La natimortalità: audit clinico e miglioramento della pratica assistenziale, Il Pensiero Scientifico Editore, Roma 2008, in http://www.salute.gov.it/imgs/c_17_pubblicazioni_1390_allegato.pdf [6-4-2017].

CASINI C., *Vita nascente. Prima pietra di un nuovo umanesimo*, San Paolo, Milano 2017.

CONGREGAZIONE PER LA DOTTRINA DELLA FEDE, *Istruzione Donum Vitae*, Libreria Editrice Vaticana, Città del Vaticano 1990.

COZZA G., *Quando l'attesa si interrompe. Riflessioni e testimonianze sulla perdita prenatale*, Il leone verde edizioni, Torino 2010.

DIFENDERE LA VITA CON MARIA (ed.), *Fede e terapia*, Cantagalli, Siena 2016.

FACCHINI F., *Origini dell'uomo ed evoluzione culturale. Profili scientifici, filosofici, religiosi*, Jaka Book, Milano 2002.

FIORE C., *Il traffico dei feti abortiti*, Elle di ci, Torino 1985.

FOÀ B., *Dare un nome al dolore. Elaborazione del lutto per l'aborto di un figlio*, Effatà editrice, Torino 2014.

FRANCESCHINI C., *Storia del limbo*, Feltrinelli, Milano 2017.

GIOVENALE - PERSIO, *Satire*, Utet Libri, Torino 2013.

GUARESCHI G., *Diario clandestino 1943-1945*, Rizzoli Editore, Milano 1949.

C. HAUSSAIRE-NIQUET, *Guarire il lutto prenatale secondo la psicosintesi*, Edizioni Amrita, Torino 2010.

HERTZ R., «Contributo a uno studio sulla rappresentazione collettiva della morte», in A. PROSPERINI (ed.), *Preminenza della destra e altri saggi*, Giulio Einaudi Editore, Torino 1994, 53-136.

I FACILITATORI DEI GRUPPI AMA, *Attraversare il lutto*, 2011, in http://www.sidsitalia.it/wp-content/uploads/2014/05/attraversare_il_lutto.pdf [18-8-2017].

ISTAT, *Annuario statistico italiano 2015*, Istituto nazionale di statistica, Roma 2015, in http://www.istat.it/it/files/2015/12/Asi-2015.pdf [6-4-2017].

ISTAT, *Annuario statistico italiano 2016*, Istituto nazionale di statistica, Roma 2016, in http://www.istat.it/it/files/2016/12/Asi-2016.pdf [9-6-2017].

KENTISH S. - LITCHFIELD M., *Bambini da bruciare*, Edizioni Paoline, Catania 1976.

LALLI C., *A. La verità vi prego sull'aborto*, Fandango Libri, Edizione del Kindle.

LAPIERRE D., *La città della gioia*, Mondadori, Milano 1995.

MAINARDI D., *L'animale irrazionale*, Mondadori, Milano 2001.

MASINI E., «L'onore e la pietà», in ASSOCIAZIONE DIFENDERE LA VITA CON MARIA ET AL. (edd.), *Un gesto d'amore. Bambini non nati: l'onore e la pietà*, Cantagalli, Siena 2012, 239–243.

MESSORI V. - RATZINGER J., *Rapporto sulla fede*, San Paolo, Milano 1985.

PRIVITERA S. (ed.), *La donazione di organi: storia, etica, legge*, Città Nuova, Roma 2004.

RAVALDI C., *La morte in-attesa*, Ipertesto edizioni, Verona 2011.

—— (ed.), *La tua culla è il mio cuore*, Ass. Ciao Lapo, Ipertesto edizioni, Verona 2011.

RIES J., *L'uomo religioso e la sua esperienza del sacro*, Jaca Book, Milano 2007.

S. AGOSTINO, *De civitate dei*.

——, *De peccatorum meritis e remissione et de babtismo parvulorum*.

S. TOMMASO D'AQUINO, *Summa Theologiae* I.

SANNAZARO, M., *La necropoli tardoantica: ricerche archeologiche nei cortili dell'Università cattolica: atti delle giornate di studio, Milano, 25-26 gennaio, 1999*, Vita e Pensiero, Milano 2001.

SAPORI P. E., «I bambini non nati nella preghiera e nella liturgia», in *Un gesto d'amore*, Cantagalli, Siena 2012, 79–115.

STUCCHI S., *Cassio Emina: uno storico razionalista nella Roma Arcaica? Commento ad alcuni frammenti sulle istituzioni civili e sul culto religioso*, Ca' Foscari, Venezia 2012 [tesi], in http://dspace.unive.it/bitstream/handle/10579/2946/840124-1174533.pdf?sequence=2 [6-4-17].

TERTULLIANO Q. S. F., *Apologetico*, tr. e note di A. Resta Barrile, Zanichelli, Bologna 1980, IX.

TRUJILLO, CARD. A. L., «Il rispetto dovuto ai resti mortali dei bambini non nati», in *The Guadalupan appeal. Atti dell'evento internazionale per una cultura della vita. Città del Messico, 27-31 ottobre 1999*, Libreria Editrice Vaticana, Città del Vaticano 2000.

Periodici

BOSELLI G., «Il rito delle esequie: confessione della fede e umanizzazione della morte», *Rivista liturgica*, 99/1 (2012), 44–70.

CONFERENZA EPISCOPALE ITALIANA, «Rito delle esequie», *Il Regno* 5 (2012), 157–162.

DEDET B. - DUDAY H. - TILLIER A. M., «Inhumations de fœtus, nouveau-nés et nourrissons dans les habitats protohistoriques du Languedoc», *Gallia* 48/1 (1991), 59–108.

EUSEBI L., «Parere sull'assetto giuridico concernente il trattamento dei resti umani a seguito di morte avvenuta in fase prenatale, con particolare riguardo al caso in cui la gestazione non abbia superato le venti settimane», *Medicina e morale*, v. 59, n. 4 (2010), 557–560.

FACCHINI F., «Ominizzazione, cultura, umanizzazione», *Antrocom* 1/2 (2005), 179–183.

FOGLI D., «Quesiti e lettere», *I Servizi Funerari*, 3 (2013), 10.

GAIO S., «Quid sint suggrundaria. La sepoltura infantile a Enchuytrismos di Loppio - S. Andrea (TN)», *Annali del Museo Civico di Rovereto. Sezione: Archeologia, Storia, Scienze Naturali*, 20 (2004), 53–90.

GROFF E., «Funus acerbum. La percezione e commemorazione di neonati e infanti nell'antica Roma», *Notiziario Semi per la sids*, 3 (2015), 5–7, in http://www.sidsitalia.it/wp-content/uploads/2015/09/notiziario_03_2015.pdf [18-8-2017].

MASINI E., «Seppellire i non nati: un'opera di misericordia», *Studia Bioethica,* 10/1 (2017), 52–61.

MAZZOLI R., «Marche, prima legge regionale grazie al coraggio di una madre», *Noi famiglia e vita,* 1 (2016), 31.

PETRINI M., «La fotografia post-mortem. Un aiuto nel processo di elaborazione del lutto?», *Camillianum* 42 (2014), 451–472

PEZZINO C., «L'editoriale», *Oltre Magazine,* 6 (2009), in http://www.oltremagazine.com/site/index.html?id_articolo=1524 [6-4-2017].

SCOLARO S., «Sulla cremazione dei prodotti abortivi, feti o prodotti del concepimento», *I Servizi Funerari 2,* 2014, 51–56.

VINAI E., «Bambini non nati, la sepoltura che guarisce le mamme», *Noi famiglia e vita* (2016), 31–32.

Quotidiani

PO A., «Un prete in clinica benedice i corpi dei bimbi «mai nati»», *Corriere della Sera,* 2 marzo 1984, 4.

TESTORI G., «Incredibile: un traffico di feti per l'industria della cosmesi», *Corriere della Sera,* 20 agosto 1984, 1.

«Scattate le indagini sul traffico di feti», *Corriere della Sera,* 7 ottobre 1984, 7.

BARTOLINI A., «Istituita commissione per indagare sull'uso di feti umani in campo cosmetico», *Corriere della Sera,* 16 novembre 1984, 7.

«Civitavecchia: Si polemizza sulla sepoltura dei feti», *Corriere della Sera,* 11 novembre 1987, 31.

«Usl propone la sepoltura dei piccoli feti», *Corriere della Sera,* 1 marzo 1989, 6.

SCOTTI D., «Inchiesta della magistratura a Codogno. Dopo l'aborto denuncia l'Usl per la scomparsa del feto. La mia bimba buttata via», *Corriere della Sera,* 4 novembre 1992, 39.

COSTANTINI E., «L'orrore in tv, choc in piazza: Usati per i cosmetici i feti delle donne che abortiscono a pagamento», *Corriere della Sera,* 10 giugno 1994, 16.

«Ex URSS: Aborti per creare cosmetici», *Corriere della Sera,* 12 febbraio 1995, 6.

BENZI O., «Signore, fino a quando?», *Corriere Cesenate,* 13 marzo 1999.

NICASTRO A., «Affari, cliniche, promesse (di cure). Le rotte delle cellule embrionali», *Corriere della Sera,* 20 maggio 2007, 18–19.

PAPARELLI THISTLE F., *Ciao, mi chiamo Deborah e vendo aborti fatti a pezzi,* 16 luglio 2015, in http://www.lacrocequotidiano.it/articolo/2015/07/16/societa/ciao-mi-chiamo-deborah-e-vendo-aborti-fatti-a-pezzi [4-6-2017].

Avvenire, 31 ottobre 2013, 3.

N.B. Al consueto ordine alfabetico per autore ho preferito qui l'ordine cronologico.

Documenti

BASILI F. et. al. (edd.), *Certificato di assistenza al parto (Cedap). Analisi delll'evento nascita. Anno 2014,* 2016, in http://www.salute.gov.it/imgs/C_17_pubblicazioni_2585_allegato.pdf [28-7-2017].

CICERI G., *Dal CDR ai CSS la nuova UNI 9903*, 2011, in http://newweb.riminifiera.it/upload_ist/AllegatiProgrammaEventi/Ciceri_2032980. pdf [9-4-2016].

COMITATO NAZIONALE PER LA BIOETICA, *Donazione d'organo a fini di trapianto*, 1991.

——, *Identità e statuto dell'embrione umano*, 1996, in http://www.governo.it/bioetica/pdf/25.pdf [1-5-2015].

——, *Parere del comitato nazionale per la bioetica su ricerche utilizzanti embrioni umani e cellule staminali*, 2003, in http://presidenza.governo.it/bioetica/testi/110403.html [16-4-2016].

COMUNITÀ PAPA GIOVANNI XXIII, *Bambini non nati*, in http://www.apg23.org/downloads/files/La%20vita/Maternit%C3%A0%20Difficile/ maternit%C3%A0%20difficile/Bambini-NonNati_APG23.pdf [15-11-2016].

GARANCINI G., *Parere sulla sepoltura dei feti e sulle convenzioni p.a./volontariato*, 2012, in http://www.advm.org/NEW/wp-content/uploads/2016/07/Parere-Prof.-Garancini.pdf [6-8-2017].

INTERNATIONAL SOCIETY FOR STEM CELL RESEARCH, *Guidelines for stem cell research and clinical translation*, 2016, in http://www.isscr.org/docs/default-source/guidelines/isscr-guidelines-for-stem-cell-research-and-clinical-translation.pdf?sfvrsn=2 [30-5-2016].

ISTAT, *Indagine rapida sulle dimesse per aborto spontaneo gennaio-ottobre 2016*, in http://www.istat.it/it/files/2011/10/Dimesse_per_aborto_spontaneo.xls [9-6-2017].

MENDIRI M. A. - OTERO A. Y. - REDONDO P. S., *Atención profesional a la pérdida y el duelo durante la maternidad*, Servicio Extremeño de Salud, Merida Spagna 2015, in

http://saludextremadura.gobex.es/documents/19231/562422/libro+duelo+SES.pdf [9-6-2017].

MENSORIO, *Atti parlamentari IX legislatura Interrogazione al Ministro della Sanità*, Camera dei Deputati, 19 settembre 1984, 17009-17010.

MINISTERO DELLA SALUTE, *Interruzione volontaria di gravidanza con mifepristone e prostaglandine*, 2013, in http://www.salute.gov.it/imgs/C_17_pubblicazioni_1938_allegato.pdf [6-4-2017].

——, *Relazione del ministro della salute sulla attuazione della legge contenente norme per la tutela sociale della maternità e per l'interruzione volontaria di gravidanza (Legge 194/78): dati preliminari 2015 dati definitivi 2014*, 2016, in http://www.salute.gov.it/portale/documentazione/p6_2_2_1.jsp?lingua=italiano&id =2552 [14-6-2017].

OSSERVATORIO NAZIONALE SULLA SALUTE NELLE REGIONI ITALIANE, *Rapporto osservasalute 2016*, Università Cattolica del Sacro Cuore, Roma 2017, in http://www.osservatoriosullasalute.it/osservasalute/rapporto-osservasalute-2016 [9-6-2017].

PONTIFICIA ACCADEMIA PER LA VITA, *Riflessioni morali circa i vaccini preparati a partire da cellule provenienti da feti umani abortiti*, 2005, in http://www.academiavita.org/_pdf/documents/pav/vaccines_prepared_from_aborte d_human_foetuses.pdf [6-4-2017].

SERVIZIO SANITARIO REGIONALE EMILIA-ROMAGNA AZIENDA UNITÀ SANITARIA LOCALE ROMAGNA U.O. DIREZIONE MEDICA OSPEDALIERA CESENA, *Protocollo operativo ai sensi dell'accordo tra Ausl Cesena e Diocesi Cesena-Sarsina, Associazione Comunità Papa Giovanni XXIII, Confraternita Misericordia di Alfero M. Fabbri per la sepoltura di embrioni e feti*, Prot. N. 0032164, del 6 agosto 2014.

SIEM-NOVA S.R.L, *Catalogo isterosuttori ed accessori*, in http://www.siemnova.com/upload/download/e5715a7f96e2fda2c1bbbc270c10b10f.pdf [4-6-2017].

TRIBUNALE ORDINARIO DI PADOVA, Procedimento civile n. 1871/2012 V.G., *Reclamo*, 2012.

UE, *European perinatal healt report*, 2010, in http://www.europeristat.com/images/doc/EPHR2010_w_disclaimer.pdf [17-8-2017].

VIALE S. - FEDERICO V., *Esposto alla procura della repubblica presso il tribunale di Milano*, 2007, in http://www.webalice.it/carlamarchisio/Sepolturafeti.doc [24-8-17].

ZANOTTI K., *Interrogazione a risposta immediata in comissione 5/02182*, 2003, in http://dati.camera.it/ocd/aic.rdf/aic5_02182_14 [22-12-2015].

La biologia dei gemelli, 2001, in http://www.uniroma2.it/didattica/Genetica/deposito/La_biologia_dei_gemelli.doc [4-6-2017].

Pagine web

BAMBARA E., *Il diritto di essere sepolto*, 2015, in http://www.interris.it/2015/11/13/77909/posizione-in-primo-piano/schiaffog/il-diritto-di-essere-sepolto.html [30-8-2017].

BELLO E., *Speciale Cannibalismo: "Quel cinese ha mangiato un bambino!"*, 2016, in https://ramingoblog.com/2016/06/08/speciale-cannibalismo-quel-cinese-ha-mangiato-un-bambino/ [1-8-2017].

BUHLER K., *Fetal cells are ingredients in food and drinks-fiction!*, in https://www.truthorfiction.com/fetal-cells-are-ingredients-in-food-and-drinks/ [10-8-2017].

CALIARO M., Formazione tardiva di atto di nascita di un feto, 2013, in http://www.anusca.it/flex/cm/pages/ServeBLOB.php/L/IT/IDPagina/4318 [26-11-2016].

CACACE R., *La maledizione di Tuthankamon*, 2007, in http://www.film.it/news/televisione/dettaglio/art/la-maledizione-di-tuthankamon-12853/ [21-7-2017].

CARMINE, *Negozi di feti morti in Cina / Thailandia etc. usati come cibo*, 2008, in https://www.thetotalsite.it/a/negozi-di-feti-morti-in-cina-thailandia/ [1-8-2017].

CASTIGLI M., *Negata in un paese francese la sepoltura di una neonata Rom*, 2015, in http://www.interris.it/2015/01/05/32114/cronache/zero/negata-in-un-paese-francese-la-sepoltura-di-una-neonata-rom.html [13-4-2017].

CIVATI G., *Ancora sulla questione maschile*, 2013, in http://www.ciwati.it/2013/10/29/ancora-sulla-questione-maschile/ [18-7-2017].

COMUNITÀ PAPA GIOVANNI XXIII, *Un diritto essere informati sulla sepoltura di un figlio morto durante la gravidanza*, 2015, in http://www.apg23.org/it/news/la_vita_della_comunita/272-un_diritto_essere_informati_sulla_sepoltura_di_un_figlio_morto_durante_la_gravidanza.html [16-6-2016].

COSENTINO A. M., *Un gesto d'amore*, 2012, in https://it.zenit.org/articles/un-gesto-d-amore/ [1-10-2017].

DE GREGORIO C., «Ligabue: quei mesi con mio padre e quei figli che ho perso», 2012, in https://www.vanityfair.it/people/italia/2012/04/10/luciano-ligabue-figli-padre#?refresh=ce [1-10-2017].

D'ORSI A., *Cimitero dei feti, l'ultima macabra follia dei paladini della vita*, 2012, in http://blog-micromega.blogautore.espresso.repubblica.it/?p=2158 [14-4-2017].

DONVITO F., *Soldi Ue per la ricerca sugli embrioni*, 2004, in http://www.aduc.it/articolo/soldi+ue+ricerca+sugli+embrioni+nonostante+assenza_6882.php [16-4-2016].

FRETZ W. J., *The story of our son who is impacting so many even though he was on this earth for only a few minutes*, in https://f2photographybylexi.wordpress.com/2013/06/26/walter-joshua-fretz/ [23-7-2015].

KNAPTON S., *Aborted babies incinerated to heat UK hospitals*, 2014, in http://www.telegraph.co.uk/news/health/news/10717566/Aborted-babies-incinerated-to-heat-UK-hospitals.html [23-3-2016].

MACKINNON I., *Briton arrested with roasted human foetuses for use in black magic ritual*, 2012, in http://www.telegraph.co.uk/news/worldnews/asia/thailand/9274106/Briton-arrested-with-roasted-human-foetuses-for-use-in-black-magic-ritual.html [28-12-2015].

MARZIA L., *Salute riproduttiva delle donne*, 2015, in http://schedefontidati.istat.it/index.php/Salute_riproduttiva_delle_donne [16-6-2016].

MATTEI F., *La memory box*, in http://www.piccoliangeli.eu/index.jsp?lingua=it&action=cambiaPagina&sito=piccoliangeli&linkPagina=13263&t=La+memory+box [31-3-2016].

NBC NEWS, *Russian fisherman finds 248 human fetuses in forest*, 2012, in http://worldnews.nbcnews.com/_news/2012/07/24/12933992-russian-fisherman-finds-248-human-fetuses-in-forest [29-12-2015].

PICOZZA C., *Feti malformati e resti umani: orrore al Policlinico Umberto I*, 2009, in http://www.repubblica.it/2009/02/sezioni/cronaca/umberto-i/umberto-i/umberto-i.html [24-7-2017].

PONTIFICIA ACCADEMIA PER LA VITA – UFFICIO PER LA PASTORALE DELLA SALUTE (CEI) – ASSOCIAZIONE MEDICI CATTOLICI ITALIANI, *Alcune precisazioni di carattere medico e scientifico*, in www.accademiavita.org/_articles/324195660-vaccini_nota_amci_pav_cei.php [03-09-2017].

RAVERA L., *Renzi approva il cimitero dei non nati, un calcio alla 194*, 4 novembre 2013, *L'Huffington Post*, in http://www.huffingtonpost.it/lidia-ravera/renzi-approva-il-cimitero-dei-non-nati-un-calcio-alla-194_b_4211225.html [16-7-2017].

——, *I cimiteri dei non nati sono una faccenda politica*, 11 novembre 2013, *L'Huffington Post*, in http://www.huffingtonpost.it/lidia-ravera/difendo-il-diritto-di-esprimere-la-mia-opinione_b_4253275.html [18-7-2017].

REDAZIONE MILANO, *Feto in un frigo dell'università Bicocca*, 2013, in http://milano.corriere.it/milano/notizie/cronaca/13_marzo_18/universita-studi-bicocca-biotecnologia-feto-umano-212245520914.shtml [17-6-2016].

REGIONE PIEMONTE - SANITÀ, *Torino: l'ospedale San Luigi vincitore al premio Smart City*, 2014, in http://www.regione.piemonte.it/sanita/cms2/notizie-87209/notizie-dalle-asl-e-dalle-aso/2576-14-05-2014-torino-l-ospedale-san-luigi-vincitore-al-premio-smart-city [8-4-2016].

R., *Sepoltura, funerale e tombe dei bimbi*, 18 aprile 2008, in http://www.cercounbimbo.net/forum/index.php?showtopic=102548 [18-8-2017].

SHARMA Y. – HUTCHINGS G., *Chinese Trade in Human Foetuses for Consumption is Uncovered*, 1995, in http://www.tibet.ca/en/library/wtn/archive/old?y=1995&m=4&p=14-2_1 [1-8-2017].

SILVENTE C., *El padre también está en duelo*, 2012, in https://cristinasilvente.wordpress.com/2012/04/26/el-padre-tambien-esta-en-duelo/ [29-8-2015].

VIALE S., *Sepoltura feti: benedetta arroganza!*, 6 gennaio 2012, in https://groups.google.com/forum/#!topic/satyagraha-2009/13BE1lCSLrY [13-4-2017].

——, *Sepoltura feti: benedetta arroganza!*, 8 gennaio 2012, in https://groups.google.com/forum/#!topic/satyagraha-2009/13BE1lCSLrY [13-4-2017].

ZUCKERBERG M., *Priscilla and I have some exciting news*, 31 luglio 2015, in https://www.facebook.com/photo.php?fbid=10102276573729791&set=pb.4.-2207520000.1454670449.&type=3&theater [30-8-2017].

Armata Bianca vi distruggeremo!, 2017, in http://www.armatabianca.org/it-IT/vita/55-armata-bianca-vi-distruggeremo [10-8-2017].

Cellule di embrioni abortiti impiegate negli alimenti, 2016, in http://www.informarexresistere.fr/2016/02/17/cellule-di-embrioni-abortiti-impiegate-negli-alimenti/ [28-3-2016].

Cina, la pelle dei condannati a morte usata per produrre collagene, 13 settembre 2005, in http://www.repubblica.it/2005/i/sezioni/scienza_e_tecnologia/collacina/collacina/collacina.html [29-7-2017].

Dichiarazione di nascita, in http://forum.enti.it/viewtopic.php?t=42330 [3-6-2016].

Fecondazione: Giorlandino - embrioni buttati nel lavandino, legge causa crimini, 2006, in http://www1.adnkronos.com/Archivio/AdnSalute/2006/03/09/Sanita/FECONDAZIONE-GIORLANDINO–EMBRIONI-BUTTATI-NEL-LAVANDINO-LEGGE-CAUSA-CRIMINI_135045.php [31-5-2016].

Firma questa petizione: Firmiamo per chiudere il cimitero della strumentalizzazione, 2012, in https://firmiamo.it/firmiamo-per-chiudere-il-*cimitero-della-strumentalizzazione [14-4-2017]*.

Fitzwilliam museum discover the youngest ancient egyptian human foetus in miniature coffin, 2016, in http://www.fitzmuseum.cam.ac.uk/sites/default/files/pressrelease/Egyptian_Foetus.pdf [19-7-2017].

Glossario, in http://www.eurostemcell.org/de/node/21594 [30-5-2016].

I nati morti invisibili in Italia, 2015, in http://www.responsabilecivile.it/i-nati-morti-invisibili-in-italia/ [26-11-2016].

Inaugurato il cimitero dei feti. Santori: Un inno alla vita, 4 gennaio 2012, in http://roma.repubblica.it/cronaca/2012/01/04/news/bimbi-27589429/ [14-4-2017].

Kuman Thong Magia Nera Thailandese Singola Testa Propiziatorio per richiedere desideri, in https://www.spiritualshop.it/products/amuleto-magia-nera-skeleton-kuman-thong-singola-testa [10-8-2017].

Kuman thong, in http://www.kuman-thong.com/ [6-9-2017].

La Comunità Papa Giovanni XXIII, in http://www.apg23.org/it/la_comunita_papa_giovanni_xxiii/ [9-8-2017].

La quercia millenaria, www.laquerciamillenaria.org [7-9-2017].

La vigna di Rachele, http://www.vignadirachele.org/ [10-9-2017].

Medical Group: Planned Parenthood sells fetal body parts, 2015, in http://www.newsmax.com/US/Planned-Parenthood-body-parts-fetal-Center-for-Medical-Progress/2015/07/14/id/656946/ [16-7-2015].

Neocutis, in http://www.neocutis.com/corporate/ethical_commitment [23-4-2016].

One of us, in www.oneofus.eu [4-6-2017].

Pensiero Celeste, in http://www.pensieroceleste.it/ [11-8-2017].

Prima pronuncia dei magistrati sulla sepoltura dei feti prevista dal regolamento lombardo, 2007, in http://www.funerali.org/cimiteri/prima-pronuncia-dei-magistrati-sulla-sepoltura-dei-feti-prevista-dal-regolamento-lombardo-255.html [7-1-2016].

Sepoltura di nati morti e prodotti del concepimento, 2014, in http://www.funerali.org/funnews/fun-news-2626-tg-fun-18614-sepoltura-di-nati-morti-e-prodotti-del-concepimento [5-1-2016].

Seppellimento feti, in http://www.apg23.org/it/la_vita_della_comunita/minori/maternita_difficile/seppellimento_feti/ [30-8-2017].

Serie storiche sanità e salute, in http://seriestoriche.istat.it/index.php?id=1&no_cache=1&tx_usercento_centofe%5Bcategoria%5D=4&tx_usercento_centofe%5Baction%5D=show&tx_usercento_centofe%5Bcontroller%5D=Categoria&cHash=8664faf9f1b9afc9dd19013b95483b35 [9-6-2017].

Shocking report shows: 15,000 aborted babies incinerated to heat british hospitals, 2014, in http://www.lifenews.com/2014/03/24/shocking-report-shows-15000-aborted-babies-used-to-heat-british-hospitals/ [23-3-2016].

Sickening: Major food corporations use tissue from aborted babies to manufacture flavor additives in processed foods, 2015, in http://www.naturalnews.com/049367_aborted_babies_flavor_chemicals_food_corporations.html#ixzz46dmTP7Ut [4-6-2017].

Smaltimento Rifiuti Sanitari, in http://gestione-rifiuti.it/smaltimento-rifiuti-sanitari [portale gestito da WST Europa Srl] [9-4-2016].

Smart Hospital: energia pulita dai rifiuti ospedalieri, 2012, in http://www.ideegreen.it/smart-hospital-energia-pulita-dai-rifiuti-ospedalieri-14011.html [8-4-2016].

Test di tossicità, 2014, in http://www.avantea.it/servizi/servizi-biomedici/test-di-tossicita.html [1-8-2017].

Treviso: feto morto trovato dentro un cassonetto, 2016, in http://www.lastampa.it/2016/04/30/italia/cronache/treviso-feto-morto-trovato-dentro-un-cassonetto-OyLv13TOg6T2Lmp3n9C2zL/pagina.html [17-6-2016].

Vietato l'uso degli animali, su cosa si farà la sperimentazione scientifica? Ovvio, sugli embrioni umani, 2013, in http://www.tempi.it/vivisezione-legge-ricerca-sperimentazione-animali-embrione-umano-garattini [1-8-2017].

http://stemexpress.com/ [5-5-2017].

https://www.change.org/p/on-le-ministro-della-salute-d-ssa-beatrice-lorenzin-ed-on-le-ministro-dell-interno-dott-ang-modifica-dell-art-37-del-D.P.R.-396-2000?utm_source=share_petition&utm_medium=whatsapp [09/05/2015].

www.google.it [6-4-2016].

Sacra Scrittura

A.T.

Lv 26,29.
Sal 79,1-3.
Tb 1,16-20.
Tb 2,1-8.
Tb 4,3-4.

N.T.

Gv 20,2.
Mc 16,1.
Mt 28,5-6.
Lc 24,4.
Lc 24,16.
Lc 24,31.
Lc 24,34.

SOMMARIO

INTRODUZIONE 4

Capitolo I – LA SALMA DEL FETO È CADAVERE 9

1. L'embrione: umano o parte di corpo umano? 10

2. Per la sensibilità comune 13

3. Punto di vista giuridico-penale: la protezione di un pubblico interesse 15

4. Cadavere di nato morto: definizione penale 17

5. Classificazione per età gestazionale 21

6. Diritto al nome 26

Capitolo II – ORA È TRATTATO COSÌ 28

1. La polizia mortuaria 28

    a. Dalle 20 alle 28 settimane di gravidanza 28

    b. Prima delle venti settimane di gestazione 29

1. Epidemiologia 31

2. Smaltimento di embrioni e feti umani 35

    a. Un rifiuto speciale: bruciare feti 35

    b. E in Italia? 36

3. Sfruttamento di embrioni e feti 40

    a. La ricerca scientifica 41

    b. Trapianti e consenso alla donazione 44

    c. Cosmesi 44

    d. Cure miracolose 46

    e. Talismani 46

    f. Cannibalismo 47

    g. Come additivi negli alimenti 48

    h. Per test di tossicità 48

    i. Per produrre vaccini 49

Capitolo III – L'OPZIONE DELLA SEPOLTURA 50

1. Norme regionali 51

a. Emilia Romagna 51

b. Lombardia 53

c. Campania 53

d. Marche 54

2. Le associazioni 56

a. Ciao Lapo 56

b. Comunione e Liberazione 57

c. Comunità Papa Giovanni XXIII 57

d. Difendere la Vita con Maria 58

e. Movimento per la vita 58

f. La quercia millenaria 58

g. Movimento per la vita aquilano dell'Armata bianca 59

h. Pensiero Celeste 59

Capitolo IV - PRO E CONTRO IL SEPPELLIMENTO 60

1. Ragioni contro 61

2. Risposta alle ragioni contro 65

3. Ragioni pro 68

Capitolo V - MEGLIO SEPPELLIRLI 73

1. Un'opera di misericordia 73

2. I riti funebri nell'antichità 79

3. Le esequie cristiane 84

a. Superamento del Limbo 84

b. Esequie per i bambini senza battesimo 86

4. Il lutto prenatale 91

5. Con i famigliari in lutto 96

a. La collettivizzazione del lutto 99

c. Luoghi della memoria 102

6. Sepoltura come diritto-dovere 105

a. L'autodeterminazione della donna 105

b. Fa bene alla società 108

7. Testimonianze 109

a. Esperienza personale 110

b. Testimonianze dei genitori 117

CONCLUSIONE 122

BIBLIOGRAFIA 125

SOMMARIO 137

www.ingramcontent.com/pod-product-compliance
Lightning Source LLC
Chambersburg PA
CBHW051459250726
48655CB00001B/487